となりの難民

日本が認めない
99%の人たちの
SOS

織田朝日

旬報社

はじめに

みなさんは、「難民」を知っていますか?

あまり関わりがないことなので、難民といわれても、なんとなくはわかるけど、具体的にはよく知らないという人のほうが多いのかもしれませんね。

難民とは、たとえば自分の国で起きた戦争や迫害《はくがい》、差別からのがれるため、他国へ避難《ひなん》する人たちのことです。

難民のいき先はさまざまありますが、日本も「難民条約」を結んでいる国のひとつであるため、日本にもやってくる難民はいるのです。どんな思いで日本へ来て、どんな境遇《きょうぐう》で、どんな生活をしているのでしょうか。

また、さいきんになってニュースでは「非正規滞在者《ひせいきたいざいしゃ》」という存在にライトが当たりはじめました。彼らは、滞在《たいざい》する資格はないながらも、日本で暮らしている人たちです。

これを読んでいるみなさんとは生き方がちがうけど、私たちとなんら変わりはない人たち。

そんな彼らのことを、この本を読んで少しずつでも知っていただけたら、こんなにうれしいことはありません。


みなさん、はじめまして。織田朝日《おだあさひ》と申します。

２００４年から日本で暮らしている外国人を支援する活動をしていて、かれこれ今年で15年目となります。

外国人の支援といってもたいそうなことはできていないので、えらそうなことは言えません。ですが事情があって母国に帰れない人たちによりそい、ともに歩み、私なりにがんばってきました。

ＳＹＩ（収容者友人有志一同《しゅうようしゃゆうじんゆうしいちどう》）という外国人収容施設《がいこくじんしゅうようしせつ》での面会活動を中心としたグループを結成したり、「編《あ》む夢企画《ゆめきかく》」といって難民の人たちとクリスマスパーティを開いたり、難民の子どもたちと動物園に行ったり、お花見をしたりとにかく楽しいことをやっています。

さらに具体的にどんなことをやっているのか、これから紹介《しょうかい》していきたいと思います。

みなさんに伝えたいことは、たくさんあります。

どうぞ最後までお付き合いください。

第2章 世界と日本の難民事情 ―― 79

第1章　私が出会った難民

ある公衆《こうしゅう》電話《でんわ》からのSOS

私のスマホに、今日も公衆電話から電話がかかってきます。

みなさんは、公衆電話を使ったことがあるでしょうか。小学生でもスマホやタブレットを持っている時代ですので、若い人のほとんどは公園や駅前で見たことがあるくらいで使ったことはないかもしれません。

私にかかってくる電話は、公衆電話が多いのです。

その公衆電話は、法務省《ほうむしょう》のもとにある「入国管理局《にゅうこくかんりきょく》（2019年4月より出入国在留管理庁《しゅつにゅうこくざいりゅうかんりちょう》という名前に変更されました。この本では、「入管《にゅうかん》」と呼ぶことにします）」という部門が管理をしている建物のなかにある収容所《しゅうようじょ》（または地方入管局《ちほうにゅうかんきょく》が管理する収容場《しゅうようじょう》）にあります。収容施設は、茨木県牛久市《いばらきけんうしくし》にある東日本《ひがしにほん》入国管理《にゅうこくかんり》センター、長崎県大村《ながさきけんおおむら》にある大村入国管理《おおむらにゅうこくかんり》センターの2ヶ所と地方入国管理局・支局を入れて、全国17ヶ所にあります。この本では、収容場のことも「収容所」

と言うことにします。

私に電話をかけてくる人は、主に東京都品川と牛久の施設に収容《しゅうよう》されている人たちです。

その人たちは、この施設に入る前にスマホや病気の薬などを持ちこむことが許されず、ほとんど着の身着のまま入らなくてはいけません。通信の自由・医療を受ける権利が制限されているのです。公衆電話もなぜかKDDI（日本の大手電気通信会社）の高いテレホンカードを買わなければ、家族や友人に連絡《れんらく》をとることもできないのです。

この施設は、たとえるならば外国人専用の刑務所《けいむしょ》のようなイメージが一番わかりやすいかもしれません。しかし、ここは刑務所ではないのです。犯罪をしたらもちろん刑務所にいけばいいのですが、ここは在留資格《ざいりゅうしかく》のない、または取り上げられてしまった人たちが裁判もなく、とつぜん収容されてしまうところです。

本来、ビザとは「外国に滞在することの許可」で、在留資格とは「入国する際に日本の法律によって与えられるもの」を指しますが、俗称としてビザという言葉が使われていますので、ここでもビザと呼ぶことにします。

ここで言うビザは、外国人が日本でおこなう活動内容です。活動とは、留学や就労などさまざまですが、これがなければ日本に滞在することはできません。在留期間と活動内容に制限なく日本にいる資格を得ている人たちは、「永住者《えいじゅうしゃ》」といいます。この権利は、日本人の配偶者《はいぐうしゃ》がいる人たちに出しているケースが一般的です。

ビザのない外国人のことを、「非正規滞在者《ひせいきたいざいしゃ》」と呼ぶことにします。

非正規滞在といっても理由は本当にさまざまです。これはこれから説明していきたいと思います。ただ、事情があり自分の国に帰れない人たちが、いつ出られるかわからない無期限の収容に苦しめられているのが現状なのです。

入管は、「日本にいる（来る）外国人を管理する」役所です。といっても、いったいなんのことなのかわからない人が多いのではないでしょうか。簡単に言うと、外国人の出入国管理《しゅつにゅうこくかんり》、外国人の在留管理《ざいりゅうかんり》、難民認定を担当するところです。

地方入管局の平日は、いつも色々な国の外国人が訪れ、ビザの更新《こうしん》や変更など、それぞれに必要な手続きをおこなっています。日本でありながら、あらゆる言語が飛び交い、民族衣装が目に入り、肌の色もさまざま。ここだけ異国の世界に迷い込んだような、なんとも不可思議《ふかしぎ》な空間なのです。

そして、この建物の一部には非正規滞在者の収容所というものが存在します。一度収容されればいつ出られるかわかりません。半年なのか、1年なのか、3年なのか。本当に刑務所だったら罪によって刑期《けいき》が決められています。模範囚《もはんしゅう》であれば刑期より早く出所できることもあるでしょう。

ここでは、いつ自由になれるのかもわからないことが被収容者《ひしゅうようしゃ》にとって最大の苦しみなのです。

ここに入った人はあまりのストレスで病気になることも多く、ときにはみずから命を絶ったり、医療放置《いりょうほうち》（医療を受ける権利を侵害されている状態。治療を受けさせないなど）によって命を落としてしまう人すらいるのです。

この施設は、牢屋《ろうや》ではありません。ですが、牢屋のような暮らしを強いられていることもあり、問題をかかえている場所です。

ある日の入管 byおだ

入管では、面会して
友人が元気だな
と思っていると
一週間後に会った
時には 人が
変わっている事が
ある
あ…、
おださん….
あまりのちがいに
おどろくのと….
最近よく記憶を
なくすんだ
気がつくと独房に
入れられてるんだ
24時間、監視カメラ
つきだよ
入管の薬 ぜんぜん
きかないなー
余計ふえちゃう
なんで
こんなになるまで
収容するの？
来てくれて
ありがとうねー

日本が外国人をいじめている

収容所にいる外国人から届くメッセージは、本当に悲惨《ひさん》で胸が痛くなるものばかりです。

「体調が悪いので、お医者さんに行きたいと頼んだが、せまい部屋に閉じこめられてなにも聞き入れてくれなかった」

「仲間がイジメられてしまったので、抗議《こうぎ》したらひどいことを言われた」

「出された食べ物が食べられる状態ではない」

豊かなフツーの生活を保障《ほしょう》されているかのように見えるこの日本で、このように壮絶《そうぜつ》な体験をしている人たちがいることが考えられますか?

びっくりしてしまう人もいるかもしれませんが、これは現実です。

私は、このようなSOSを聞いて、彼らの支援をする仕事をしています。人命《じんめい》に関わる大事な仕事ですが、お給料などは出ません。自分のライフワークとして、ボランティアとして活動しています。支援とは、彼らの声を受けて、弁護士に相談したり、面会にいって必要なものの差し入れをしたり、施設の職員に申し入れや抗議をしたりしています。

ほかにも、活動報告会をしたり、こうした外国人の存在を知ってもらうために新聞や雑誌の取材を受けたりもしています。15年以上前から、こうした事件は日常的に起きています。

日本で暮らす外国人のなかには、窮屈《きゅうくつ》な思いをしたり、強い恐怖《きょうふ》を感じていたり、苦しい状況に身を置いている人たちが少なからず存在しています。そうした人々の多くは、安心して暮らす権利が認められないために、そのような状態になってしまっているのです。

なぜ認められていないのかということをつきつめると、「外国人だから」、という理《り》不尽《ふじん》な理由にいきつきます。

そして、その状態は、私たち日本人がつくりだしているものです。

日本は、戦後の復興《ふっこう》をなしとげ、現在は戦争をしない国として他国から知られ、とくに中東では尊敬《そんけい》されてきました。礼儀《れいぎ》正しい国民性で、外国人にも優しい豊かな社会のように見えます。

しかし、それは社会の一面にすぎません。なかには、外国人をいじめている人たちもいますし、見て見ぬふりをすることでいじめを容認《ようにん》している空気がたしかにあります。

問題をほったらかして法律をつくっちゃった！

この本を書いているいま、「出入国管理及《しゅつにゅうこくかんりおよ》び難民認定法《なんみんにんていほう》（通称、入管法）」という法律が2019年4月から変わりました。

これにあたって、テレビや新聞では改正の問題点などが報《ほう》じられています。

この法律は、国境をこえる移動に関する管理と日本にいる外国人の管理、難民認定を規定しています。

改正は、日本で働く外国人の数を増やし、いままでよりもたくさんの職業で受け入れることを目的としています。

一見、いいことのように思えるかもしれませんが、たくさんの問題が指摘されています。

すでに日本にいる外国人のなかには、日本で働いて社会の一員になりたいと考えていても、明確な理由が明かされないまま拒否されている人たちがいます。

入管の収容所にいる、私の友人たちなどがそうです。

また、特定《とくてい》技能《ぎのう》実習生《じっしゅうせい》制度《せいど》という「日本に来て専門的《せんもんてき》知識《ちしき》や技術《ぎじゅつ》を勉強しながら働いて、国際交流する」という目的でつくられた、外国人のための制度があるのですが、この制度で来日したベトナム人や中国人のなかには、雇《やと》い主《ぬし》になぐられたり、悪口を言われたり、法律で決められた最低賃金の半分以下で長時間働かされた人がたくさんいます。

こうした問題がよく検討《けんとう》されないままに、いまいる人以外にもたくさん受け入れて、働いてもらおうというのは、とても危険なことです。これらの問題をそのままにして、おなじような被害《ひがい》にあう人が出てくることにどう対応するというのでしょうか。

現政権は、新しい制度を通してしまいました。かたちのうえでは、「これから検討します」と約束しましたが、本当は国会内で与野党が一緒に時間をかけて話し合わなければならない決めごとでした。そして、いま日本に住んでいる外国人を対象として、仕事や生活のうえで不便なことや、日本で外国人差別をされていないかなどを把握《はあく》するための調査が必要でしたが、それもなされないままです。

このまま外国人労働者や収容者たちの問題をほったらかしにしていいのでしょうか。そしてそれは、政治家や学者だけが考えるむずかしい問題ではありません。

私たちの周りには、すでにたくさんの外国人が住んでいます。コンビニエンスストアの店員さんとして働いていたり、レストランの厨房《ちゅうぼう》で料理を作っていたり、私たちに外国語を教えてくれたり、工事現場で機械を動かしていたり、私たちが利用しているスマホアプリなどのサービスを開発しているかもしれませんし、そのスマホも組み立てているのは外国人かもしれません。つまり、私たちの生活を支えているのです。

学生のみなさんも大人の私たちも、実は彼らと支え合い、協力し合って生きています。日本に住んでいるみんなが、この問題の当事者なのです。

難民ってどんな人だろう

私が関わっている人たちは、国を追われてやってくる「難民」たちがほとんどです。日本社会で暮らしていると「難民」とか「国を追われる」ということを想像することはむずかしいのですが、日本にも難民がすでにいるのです。

世界には戦争、政治の関係や民族の差別から、国を追われてきた人たちが大勢います。「国から追われる」という状況は、何者かに捕《つか》まったり、暴力にさらされる、あるいは命に関わる可能性があるのに、警察や司法などに頼《たよ》れないなど、自分の意志ではどうしようもできない大きなリスクがあるということです。おおまかな国際的な理解としては「生まれ育った国ではなんらか危険があり、とどまれないのでほかの国に移動せざるをえない」人々を難民と呼んでいます。

これから、難民申請をしている私の友だちを3人ご紹介します。

彼らは日本で何度も難民申請をしているのですが、なかなか認められません。ビザがないため、入管に収容された経験もあります。

難民や移民についての概要《がいよう》を説明する前に、彼らのケースを見ていくことにしましょう。

◇コロンビアから来たミルトンさん

私の友人であるミルトンさんは、コロンビアでひときわ治安の悪い街に生まれ、住んでいました。街の治安をいつも気にしていたミルトンさんは、街で起きた事件などについて、どのグループがなにをやったのかなど、わかることがあれば、知り合いの軍人に通報していました。

ある日の夜、学校の帰り道一人で歩いていると、だれかにうしろからいきなり抱きつかれたそうです。友人がふざけているのかと思い、ふりかえろうとした瞬間《しゅんかん》、ナイフで体中めった刺《さ》しにされたのです。「何者かの復讐《ふくしゅう》かもしれない……」と頭をよぎったそうですが、意識が朦朧《もうろう》として、犯人の顔を見ることはできませんでした。

なんとか一命をとりとめ、しばらく入院生活が続きました。しかし、治療が終わっても犯人は見つからず、ミルトンさんは恐怖のあまり学校に行くことはおろか、外に出ることもできなくなり、家のなかで過ごしていたそうです。事件が起きるまでは、大学に進学してお医者さんになることを夢見ていたけれど、それが叶《かな》わなくなってしまったのです。

このままでは時間だけがむだに過ぎていく。

なやんだすえ、ミルトンさんは日本にいるおばさんを頼ってコロンビアを出ることに決めました。

そして1995年に来日しました。その頃は、難民申請という言葉は日本ではあまり知られていなかったので、ミルトンさんも当然知ることなく、申請せずに日本での生活を続けていました。

２００８年、ついに東京入管（東京都品川にある収容所）に収容されてしまいます。皮肉なことに、ミルトンさんは収容所のなかで難民申請ができると知りました。

それからも、ミルトンさんは日本で収容と仮放免《かりほうめん》（仮に解放されている状態をさします。のちに説明します。）をくりかえしながら、難民だと認められるのを待ち続けています。

母国に戻れば、今度こそ殺されるかもしれない。

ミルトンさんは凄惨《せいさん》な事件のトラウマでコロンビアに帰ることができません。日本でできた友人たちに支えられ、この国で生きていくことをめざしています。

事情を聞く私たちに、ミルトンさんはていねいに話を聞かせてくれるのですが、「本当は自分の国、コロンビアを悪く言いたくない」と時折《ときおり》、涙を流していました。

日頃から人に尽《つ》くし、だれにでも分けへだてなく優しいミルトンさんはだれからも好かれています。

ミルトンさんの誕生日パーティは、色々な国の人たちがお祝いするために、ひとつ

ミルトンさんの誕生日パーティ

の部屋に集まりました。友人の広い部屋を借り、ミルトンさんは料理やカクテルを作り、みんなをひたすらもてなしていました。招待客はケーキやプレゼントを持ちより、ダンスをしたり、楽器を演奏したりとひとときのしあわせなパーティを楽しみました。

「来年は、こうはいかないかもしれないから……」そうつぶやくミルトンさんが印象的でした。

入管への収容が増えているなか、自分も近いうちまたそうなるのかもしれない。ミルトンさんの不安が拭いきれることはありません。

◇韓国から来たキムイジュンさん

イジュンさんは日本にとってかなり身近な国、韓国から亡命《ぼうめい》してきて、難民申請をしています。

「なんで韓国から?」と不思議に思う人もいるかもしれないですね。私も最初は、なんでだろうと疑問に思ったものです。

彼は北朝鮮《きたちょうせん》にいる知り合いと接触《せっしょく》をしたことが政府に知られ、スパイ容疑《ようぎ》をかけられ、自国を追われることとなりました。

北朝鮮と韓国は、もともとは一つの国でしたが、分かれてしまい、戦争が起きています。

イジュンさんを中心とした韓国料理を作る会では、韓国人留学生も参加したいと言っていましたが、自分も政府にスパイ容疑《ようぎ》をかけられると危なくなるから、と辞退《じたい》していました。

「スパイ容疑」というと映画のようですが、北朝鮮に知り合いがいることでスパイ

毎年恒例のバーベキュー。牛久の会代表・田中さん（右）とイジュンさん（左）

ではないかと疑われた韓国人は多く存在し、無実をうったえて裁判をするケースもあります。

　イジュンさんは難民申請中です。いまは仮放免の立場ではあるのですが、人助けの精神がとても強く、牛《うし》久《く》の会《かい》（牛久入管収容所問題を考える会という支援団体）のメンバーとして、牛久《うしく》の収容所（以下、牛久入管と呼びます）での面会活動を続けています。イジュンさんも収容の経験があるので、収容されているみんなの気持ちは人一倍、理解することができます。

とても頭がよく手先が器用なイジュンさんは、なにかと仲間から頼りにされている存在です。

毎年、牛久の会主催《しゅさい》のバーベキューイベントでは、いつも一生懸命みんなに奉仕《ほうし》してくれます。

クルド人の友人で、おなじく難民申請をしているアリさんの署名集めをする大きなイベントでは、まるで自分のことのように一生懸命署名を集めている姿に心打たれるものがありました。

私が主催するイベントも「人手が足りないから、手伝ってほしい」とお願いすると、いつもこころよく手伝いに来てくれます。

イジュンさんは韓国の光州《こうしゅう》出身です。光州では、1980年に当時の独裁政権《どくさいせいけん》に反対して民主化を求めた市民が軍に虐殺《ぎゃくさつ》された「光州事件《こうしゅうじけん》」が起きたところです。イジュンさんは事件の生きのこりなのです。私が主催する難民問題をうったえる集会でイジュンさんにも発言を求めると、当時の貴重な体験を語ってくれました。

「自分のとなりで、友人たちがバタバタと死んでいった、その光景が昨日のことのように忘れることができない」と涙を流すイジュンさん。

みんな、つらい過去をかかえて生きているのです。

◇トルコから来たアリさん

アリさんは25年以上も日本に暮らしています。「最初に日本へやって来たクルド人の一人だ」と話していました。

体が大きくて太っちょで、愛嬌《あいきょう》があって友人たちからよく「ちっちゃいアリ」と呼ばれています。かわいいあだ名ですよね。でも、アリさんはもともとそれほど太っていませんでした。むかし、3年も入管に収容されたときに仲間と抗議のハンガーストライキを行い、それ以降、体質がおかしくなってしまい、太ってしまったのだそうです。

つらい苦労があっても明るく、人なつっこいので、日本人の友だちもたくさんいます。アリさんはさまざまな事情があってトルコへ帰ることができません。アリさんは幼い頃からトルコでのクルド人差別や弾圧《だんあつ》を目の当たりにしてきました。多くのクルド人はトルコに住んでいますが、トルコ人とはちがう民族で、少数派です。民族のちがいにより、クルド人は差別をされたり不利益を被《こうむ》ってきました。トルコでは、20歳になったら軍隊にいかなければなりませんが、トルコ軍は、クルド人ゲリラと戦闘をしています。

アリさんはトルコ軍に入隊することで、おなじクルド人を攻撃することはとてもじゃないが耐《た》えられないと思い、お兄さんのすすめで17歳のときに日本にやってきました。当時、まだ若くて日本語もわからなかったアリさんには難民申請という手段は知るよしもありませんでした。

人気者のアリさん

その後、日本へ集まってくるようになったクルド人たちとともに事務所を借り、クルド人団体を作ります。海外でクルド人の団体を作ったことで、トルコ政府の強い反感を買ってしまったそうです。

２００４年、おどろくことに日本政府が難民申請をしているクルド人の情報をトルコ政府にもらしてしまうという事件が起きました。これは、法務省の職員がトルコに出張へ行き、現地の治安機関《ちあんきかん》や軍人に在日《ざいにち》クルド人の情報を提供したというものです。迫害をする恐《おそ》れがある国家に、難民の情報を流すのはルール違反《いはん》です。そこにはアリさんの情報も含《ふく》まれており、アリさんはますます帰国が不可能になっていきました。

また、アリさんは日本国籍の女性と結婚《けっこん》して10年目になります。配偶者がいる場合は、通常、在留特別許可《ざいりゅうとくべつきょか》によってビザが出るのですが、アリさんには日本人の配偶者としてのビザが出ないのです。

私がアリさんに奥さんを紹介されたのも、もう10年前になるのだなと感慨深《かんがいぶか》いものを感じます。すごくニコニコしていて、2人はとってもお似合いだと思ったものでした。

アリさんはメディアにも出てアピールし、署名を集め、ビザを取るための裁判をす

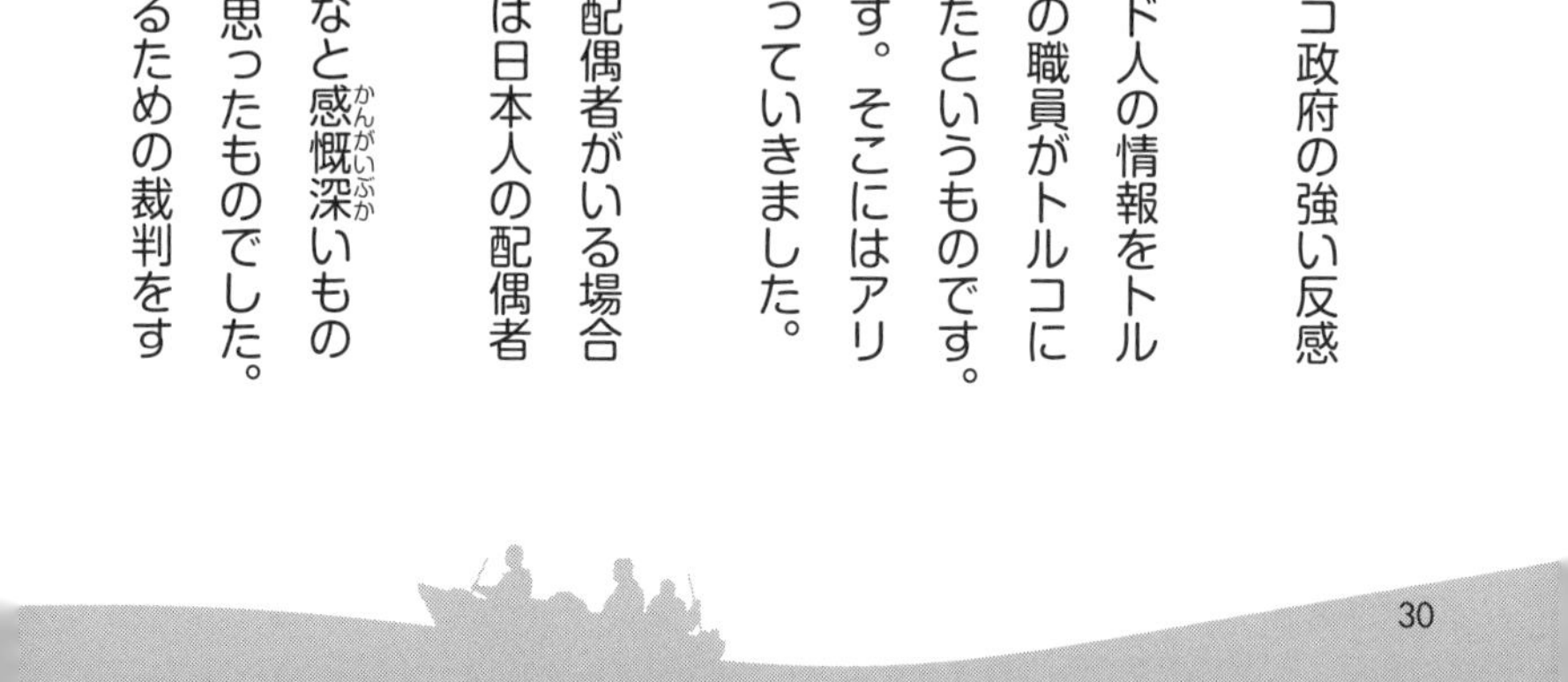

るなど彼なりに本当に懸命にたたかっています。

3人の友人たちは日本じゃなければ、とっくに難民認定されていたかもしれません。難民認定の判断が非常に厳しい日本へ来たばかりに、長い人生を休まることなく苦しみ続けています。

この国に住む一人として、なんだか申し訳ない気持ちでいっぱいになります。彼らが安心して暮らせるような日本になっていかなければいけないし、これは彼らの問題ではなく、私たち日本人の問題なのだと思います。

SNSでバズった！入管問題のターニングポイントになった事件

私がボランティアをはじめて13年目の2017年、入管の問題に取り組む支援者にとって、重要なターニングポイントともいえる事件がありました。

それは、ツイッターやフェイスブックといったＳＮＳやヤフーニュースで取り上げられるなど、ネットメディアを通じて、大きな話題となったのです。メディアが抗議の声をあげてくれたことで、いままで外国人の収容問題について知らなかった人も共感してくれ、反応がたくさん返って来ました。ＳＮＳで拡散されると、こんなにもいろんな人が見てくれるんだと肌でわかるものです。

私にとってはこの一件で、外国人収容者問題が日の目を見たという感じがしました。


「そういえば、トーマのところの娘が収容されたらしいよ」

私が収容者支援のボランティアをはじめた頃から、10年以上親しくしている牛久の会の田中喜美子《たなかきみこ》さんがふっと思い出したようにいいました。

「ええ？」

唐突《とうとつ》すぎて一瞬、なんの話か理解できません。

私たちはそれぞれ牛久入管、東京入管で面会活動をするボランティアとして、顔を合わせては情報交換などをしています。その日もたわいない世間話を交えながら、話に花を咲かせていたときでした。

日本では、2016年頃から、ビザのない難民申請者の収容と、難民申請者がもつ半年間の「特定活動」を取り上げて収容するというケースが増えていました。引っ越したときの住所変更手続きの遅れや、となりの県に許可なく移動したなど、ささいなことでも違反とみなし、問答無用《もんどうむよう》に収容していきました。

そんな矢先、友だちの名前が出たのでとってもびっくりしてしまいました。

「え？　どちらの？　長女？　次女のほう？」

「さあ、どっちだったかなあ……。わかったらまた連絡する」

田中さんも眉《まゆ》をひそめながら考えていましたが、思いだせないとのことで、いったん、家に帰って確認してから電話をもらうことにしました。

トーマさんはトルコから来たクルド人の男性で、私が出会った難民のなかでも古い友人です。彼の3人の子どもたちとも一緒に遊んだこともありました。

私が子どもたちに会ったのはずいぶんむかしです。たしか、長女のベリワンは小学2年生でした。15年の月日を経て、いまはすっかり大人の女性になっていることでしょう。

お父さんのトーマさんは、日本で難民申請を何度も出しましたが、そのたびに不認定されていました。一家は難民とは認められておらず、日本に滞在する正式な資格はありません。

トーマさんはクルド人として、トルコで民族差別を受けていました。でも、日本ではなかなか難民だと認めてもらえません。

彼のように、助けを求めて逃げてきた国で、難民だと認められず、やりきれない気持ちで生活している人たちはたくさんいます。

とくに、日本に来た当初は小さな子どもでも、大人になったら入管に収容される人たちのケースはどうしても腑《ふ》に落ちません。

子どもたちは物心ついたときから日本にいて、日本の小学校・中学校に行っています。日本人の子どもたちとおなじように、遊んだり学んだりして、暮らしているのです。

お父さんのトーマさんは収容所に入っていた経験があります。トーマさんが収容されてしまったときに代理人を担当したことがある大橋《おおはし》 毅《たけし》 弁護士《べんごし》に聞けばなにかわかるかもしれない。大橋弁護士は難民支援や入管問題に取り組んでいる方です。

田中さんと会ったあと、大橋弁護士に連絡してみると、やはり収容は事実でした。

「収容されたのは長女のベリワン……」あらためて知ると、とてもショックでした。

日本育ちのベリワン

ベリワンにはじめて会ったのは、彼女がまだ幼い頃。

そのときのベリワンはすでに日本人と変わらないよどみのない流ちょうな日本語を

使っていました。何歳から住んでいるのか、どうやってきたのか、その頃はくわしいことは聞いていません。

クルクルの天然パーマの髪《かみ》に、肌は日に焼けていて男の子っぽく活発な女の子でした。やんちゃで気が強かったけど、素直で頭の良い子でした。

当時、彼女は私のことを「織田さん」ではなく「お姉ちゃん」と呼んで、仲良くしてくれたことをおぼえています。

そんななか２００６年、不運にもお父さんのトーマさんが入管に収容されてしまいます。

私はトーマさんが心配で面会を申請していたのですが、体調が悪く、彼は動ける状態にないと入管の職員に言われていて、何度も面会を拒否されていました。

ある日、別の人の仮放免の付きそいで、入管施設へ来ていたところ、ベリワンとその家族とばったり会い、トーマさんとの面会に私も入れてもらえることになりました。

ろうかの先にある小さな面会室にみんなで入ります。面会室は、５人も入ればいっ

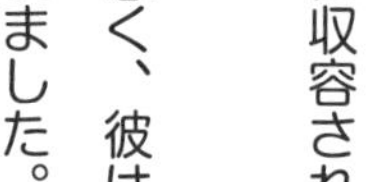

ベリワンがSNSに投稿した写真（提供：志葉玲）

ぱいになる大きさ。ちょうど、刑事モノのテレビドラマや映画でみるような部屋を想像してみてください。

ひとつの部屋をアクリル板で仕切っていて、板の下のほうには細かい穴がいくつかついています。あちら側とこちら側の音を通すための穴。板は全面に張りめぐらされているので、おたがいに握手《あくしゅ》したり、さわることはできません。

そんななか、いくら待ってもトーマさんはなかなか出てきません。

待ち続けてがまんできなくなった子どもたちが「パパー！　パパー！」と精いっぱいの大きな声をあげ、面会室を仕切るアクリル板を手でたたきながらお父さんを呼びます。

子どもたちが呼び続けてからしばらくして、やっと出てきたトーマさんは車いすに乗っており、体だけでなく心も疲れているようでした。

頬《ほほ》がこけていて、目には光がなく、まぶたが重そうです。久しぶりに家族に会うのはうれしいはずなのに、子どもたちを見ても言葉はありません。

そんな弱りはてた姿は私でも衝撃《しょうげき》をおぼえるほどでしたので、家族の気持ちはその何倍にも悲しかっただろうと思います。

私たちがただただぼう然として、かける言葉もないままにトーマさんを見つめていると、いきなりトーマさんは力をふりしぼるように、わぁっと叫びました。

「俺は人間じゃないのか？　虫なのか？　俺の子どもたちも虫なのか⁉　俺はなにも悪いことなどしていない！」

それを聞いた家族は泣き出してしまいました。

それを見て私も涙が止まらなくなりました。どうして家族を引きさくのか、どうしてトーマさんをこんな目にあわせるのか、何度考えても答えは見えません。

やりきれない気持ちで部屋を出たあと、ベリワンやお母さんたちが職員と話をしたいと私に言ったので、おなじ施設の6階にある部屋に案内しました。

ここは、違反審査《いはんしんさ》部門（仮放免を決める部屋）という名前の部屋で、収容された人の家族や代理人、仮放免を延長したい人たちが、手続きのために訪れるところです。

担当者を呼んだベリワンは、持ち前の気の強さで「お父さんをかえせー！　お父さんをかえせー！」と怒りを爆発させながら抗議したのです。

ベリワンのそんな姿に、私も入管の職員も言葉が見つかりませんでした。


その後、何日かしてトーマさんは無事解放されます。

無事に家に戻ってくることはできましたが、「仮放免」という不安定な立場のままです。「仮放免」とは、いまは家に帰ることを許可しますが、また収容される可能性がありますよ、という状態のことです。家族全員ビザもなく、保険証もないままです。

さらに、2012年に外国人登録制度《がいこくじんとうろくせいど》が変わり、身分証明書になっていた外国人登録書が取り上げられてしまいます。不安定な立場の家族は、さらに追い打ちをかけるように厳しい状態になるのでした。

まさかこんなことに……おとなになったベリワンとの再会

トーマさんの収容から11年経った、2017年11月27日。

あの子どもだったベリワンが収容されてしまったのです。クルド人の女性が収容されるなんて、過去、前例がなかったわけではありませんが、かなりめずらしいことです。

「とにかく面会にいかないと……」そう思いつつ、私はベリワンに会うのはこわいと感じていました。久しぶりの再会です。

彼女は私になんと言うだろう。

私はずっと「難民支援」や「収容問題」に取り組んできたのですが、めざましい成果がなく、あまり役に立てていないのではないかと感じていました。

そんななか、ベリワンも収容されてしまったのです。

「あなたはいったいいままで、なにをやってきたの？」そう言われてもおかしくないと感じたのです。

また、ひとつ疑問がありました。

大橋弁護士と連絡を取り合ったとき、「メルバン・ドゥールスン」という名前で申請するようにと伝えられました。

しかし、私は「ベリワン・トーマ」という名前だとばかり思っていました。のちに聞くと、このことには難民ならではの事情がありました。


ベリワンに会う面会の当日。

東京入管に行き、面会手続きを済ませ、面会室に入ります。

もうすぐこのガラスの向こう側からベリワンがやってくる。

久しぶりですし、胸がどきどきします。

しばらく待つと、ベリワンがいきおいよく部屋に入ってきました。

「織田さん!!」

彼女はかなり取りみだしているようでした。

「なんで捕まったのかわからないの。ここはつらい、少しもここにはいたくない。私、病気なの！　だけどなぜか自分の薬を使わせてもらえないの。くるしい！　すごくくるしい！」

「え、病気があったの？　なんの病気？」

「パニック障害……」

パニック障害とは、とつぜん、息切れやめまい、動悸《どうき》などの症状と強い不安感が一気にくることでパニックになる病気です。

薬を飲んだり通院することで、ある程度おさえられるのですが、薬を服用していないと著《いちじる》しく悪化してしまう可能性があるので危険です。

病気があったとは初耳だったので、すこしびっくりしました。

収容されているストレスが、病気をより深刻なものにしていることは間違いなさそうです。

この久しぶりの再会のとき、自分の生い立ちとパニック障害を抱えるにいたるまで、ベリワンははじめて明かしてくれました。


ベリワンは6歳の頃に来日しました。

お父さんとお母さんが先に日本に渡っており、小さいベリワンと1つ年下の妹は、親戚《しんせき》のドゥールスン家に預けられていました。ここでベリワンは「メルバン」と呼ばれていたそうです。ドゥールスンさんは2人をとても大切に、本当の子どものようにあつかってくれていました。姉妹は幼かったこともあり、ドゥールスンさんを本当の家族だと信じ、平穏《へいおん》な日々を過ごしていたそうです。

そんなある日、姉妹は飛行機に乗せられ、とつぜん日本にやってきます。

そのとき、ベリワンはどこかに遊びにいくのだろうとしか思わず、なにも知らされないまま来日したそうです。そこで出むかえてくれたのは本当の両親でした。

このときベリワンはおぼろげながら、女性をみて、はっと思い出したことがありました。むかし、両親との別れの日に、お母さんの茶色いスカートにしがみついて泣いた記憶がよみがえってきたのです。

「あのとき、茶色いスカートをはいていた?」と聞くと女性は「そうよ」と答えます。そのことで、この人が本当のお母さんだったのだと遠い記憶が呼び覚まされたそうです。それはとてもうれしい再会でした。

しかしそれは、本当の家族だと思ってともに暮らしてきたドゥールスンさんたちとの別れのときでもあります。幼かったベリワンには、この状況はあまりに重いものです。

このことをふりかえって、「病気のきっかけはこのときからかもしれない」と言っていました。

メルバン・ドゥールスンでなければ面会できなかったのは、その当時、ドゥールスン家の子どもとしてパスポートを発行したからでした。

ベリワンの病気

ベリワンは、「私がなぜ収容されなければならないのか、わからない。1ミリでも教えてくれればいいものを、入管はなにも言ってくれない。外に出してくれないならせめて薬がほしい。なんの薬かわからずあやしいと言うのなら、成分を調べてくれても構わない。とにかくここは苦しい、この環境で、自分の薬すら飲めないなんて耐《た》えられない」とうったえていました。

収容所は、刑務所と違って刑期《けいき》(期間)がないので、いつ出られるのかわかりません。健康そうな男性であっても解放される頃には、元の健康な心と体を保っていることはむずかしい環境だと言われています。ましてや闘病中の女性では、とても耐《た》えられる環境ではありません。

収容の期間は、仮放免が許可されるか強制送還《きょうせいそうかん》されるかで決まります。仮放免の申請が通れば釈放《しゃくほう》で、通らなければ収容か強制送還です。

ベリワンには、トルコに帰るということは選択肢にないようでした。ベリワンは子どもの頃から日本にいます。日本にいる両親も夫も難民ですので、いまさらトルコで別の人生をはじめるなんてことは現実的に不可能です。

ベリワンは日本にのこるという選択をしましたが、いままで日本社会で順風満帆にしあわせに生きてきたわけではありません。

中学3年生、ベリワンはどこの高校に進学するか、真剣《しんけん》になやんでいた時期がありました。その後、家族の支えもあり、見事合格することができたようです。彼女にとって、高校への進学はとてもうれしいことだったと思います。私はそのあたりの時期から、しばらくベリワンに会う機会がなかったので、くわしいことは聞いていませんん。ですが、クルド人たちのあいだのうわさで、ベリワンが高校を中退したことを知ります。理由は「授業についていけなかった」とか。それを聞いた私は、「そうか、もったいないことをしたなあ……」と思うだけで、あまり頭にのこることはありませんでした。

でも実は、高校をやめてしまったのには別の理由がありました。

高校生になって、手続きのために訪れた入管で、職員に「高校に行っても、仮放免のあなたには意味がない」と心無い言葉をかけられたのです。

日本では、どんなに優秀な成績をのこしても、大学を卒業したとしても、ビザのない人は働くことを禁止されています。

職員はそのことについて、意地悪を言ったのです。

ベリワンはもともと、勉強が好きな子だったのですが、その事件があってから、学校へは行かなくなり退学してしまったとのことです。

そのことと関係があるのかもしれませんが、それからのベリワンはとても荒《あ》れていて、家族も手を焼いていた時期があったそうです。なにか病気を患《わずら》っているのではないかと訪れた病院で「パニック障害」だと診断《しんだん》されました。

結婚して11ヶ月。はなればなれになったベリワンとアルペル

その何年かあとに、ベリワンはおなじクルド人のアルペルと出会い、結婚することになりました。

ベリワンにとっては、やっとしあわせになれる、薬を徐々におさえ、子どもをつくって、すてきな家庭をつくろうと思える希望の一歩でした。

そんな想いを引きさくような手紙が届きます。

11月27日、東京入管に来るようにという呼び出しの手紙でした。

「どうしよう、私、きっと捕《つか》まる」

知らせを受けたベリワンは、アルペルと泣いたといいます。

それでも逃げて解決できる問題ではない、収容されるだろうとわかりつつ、呼び出しの日に応じたそうです。

このときのベリワンの恐怖《きょうふ》は想像できないほど大きいものだったでしょう。

当日、アルペルと2人で入管に出向きます。

ベリワンは呼び出しの部屋に入り、アルペルはろうかで待っていました。彼はベリワンが出てくるのを待ち続けました。職員が部屋から出てきて、ベリワンが収容されたことを告《つ》げ、いくら待ってもむだだと帰るようにうながしてからもずっと。

施設が閉まる時間が来ても、寒い冬の夜のなか、出てくるはずのないベリワンを入管前で待ち続けたそうです。

「あの日は人生最悪の日だった」のちに彼はそう語っていました。

自分の薬が飲めない……ひどくなるパニック障害

収容から2ヶ月ほど経ち、年を越して1月になった頃です。

このときも彼女が持っていた薬の許可が下りることはありませんでした。自分の薬でないと体にあわず、叫び続けてしまうなど、よりパニックの症状《しょうじょう》が強くなっていました。

それに加え、女性職員に意地悪な人がいたそうです。座り方が悪いとか、音楽を聴くことは違反ではないのにイヤホンを取れなど、むやみに高圧的だったそうです。

そんなときベリワンは、抗議の意思を見せていました。それを面白く思わないのか、職員の態度がエスカレートしはじめたそうです。

ベリワンはあまりの理不尽さに、だんだんと消耗《しょうもう》していくようでした。

1月17日のことです。ベリワンはとても体調が悪く、パニック障害の発作をおこし、高熱を出して血を吐《は》いたのだそうです。でも、職員はインフルエンザだと判断し、人にうつるかもしれないからと、独房《どくぼう》に移送するという処置《しょち》だったそうです。彼女はパニック障害の症状《しょうじょう》だとうったえましたが、聞き入れてもらえません。

独房で一人苦しみ、震えながら「明日は生きていられますように……」と神様に祈り、一晩を過ごしたといいます。

後日、入管にいる非常勤《ひじょうきん》のお医者さんの診察《しんさつ》があったそうなのですが、薬を出すどころか、トルコへ帰るよううながしたそうです。

「医者のくせになんでそんなことを言うの?」

びっくりして聞き返す彼女に、お医者さんは、自分は入管側の人間であると冷たく吐き捨てるように言いました。

この件はさらにベリワンを傷つけ、たびたびパニック障害の発作を起こしては、発熱してしまうことをくりかえしていました。

どうしても常用薬《じょうようやく》は使わせてもらえず、入管からもらう薬は、強い副作用《ふくさよう》で彼女を苦しめていました。まるで皮ふのうえを虫が這《は》うような感覚になったり、イライラして手の甲《こう》を自分のつめで傷つけたりしていくような自傷行為《じしょうこうい》の症状《しょうじょう》も出はじめます。すっかりやつれて、心身ともにボロボロ。こんな彼女を見るのは胸が引きさかれる思いがしました。

ある日の入管 byおだ

おねーちゃん
あそぼーー
おださん
いつも私たちのために来てくれるのね
くるしい
たすけてー
理由のわからない収容はつらすぎる
パニック障害なの
私の薬、入管にとられたの
薬がほしいーー!!
この十数年、私たち何をやってきたの?…
時間です
え!!もう!?…
後がつかえています
こうなることが想像できなかったわけじゃないのに……

「どうか、私のことを外の人たちに知らせて」

そんなある日、面会に訪れた私にベリワンはなにか決心したようにこう言いました。

「織田さん、どうか私のことを外に知らせてください。私は顔（写真）が出てもいいです。名前はパスポート名義《めいぎ》のメルバン・ドゥールスンでお願いします。入管は私がベリワンと（いう名前だと）わかってるくせに、そんな人知らないと言うにきまっているから」

通常、収容問題や難民問題を世の中にうったえるため情報発信をするとき、たいてい難民たちは名前や顔を出すことを恐れます。

ニュースやネットを通じて難民申請していることが母国側に知られてしまうと、強制送還されて戻ったときに不利にはたらいてしまうためです。

また、入管や日本政府にも目をつけられてしまうかもしれません。入管の収容所がひどいところなのだとうったえたら、要注意人物だと思われてしまうかもしれないの

です。

ですから、これは捨て身の行動だといえます。ここまで勇気をもって表に出られる人はなかなかいません。

ベリワンはなにがなんでもトルコには帰らないという強い意志がありました。家族は日本にいるし、夫も難民だし、トルコに帰ることはできないのです。それだけに収容されている状態は崖《がけ》っぷちでした。

この大変さを世論にうったえていくしか方法はない。

伝えてほしい、自分がここでどんな目に合っているのか。まだ収容所の存在を知らない日本人たちに広めたい……。

面会から帰ってきた私は、この日はじめてベリワンのことを「メルバン」として、SNSで発信することにしました。

『【緊急《きんきゅう》】日本育ちのクルド女性メルバン・ドゥールスンを直ちに解放するよう東京入管に訴えてください。パニック障害で、自分の薬すら使わせてもらえない彼女に、

これ以上の収容は危険すぎます。皆様、どうかよろしくお願いします。
03-5796-7125（FAX）　03-5796-7111（電話）』

ツイッターに投稿《とうこう》してみます。意外なことに反応はすぐに返ってきました。私は以前から難民や入管の現状をツイッターでうったえてきましたが、たいして話題になることはなく、手ごたえを感じられないことばかりでした。このところがベリワンのことは、すぐに拡散《かくさん》されていきました。この展開に私もびっくりです。

おそらく、「子どもの頃から日本に居るのに、大きくなったら収容される」という現実が日本人たちの心をゆさぶったのだと思います。

たくさんリツイートされ、フォロワーも増えていきました。

いきおいづいた私はベリワンのことをつぎつぎと投稿《とうこう》し、入管に解放を求める電話やFAXの問い合わせをするようお願いしました。そして、古くからの友人でジャーナリストの志葉玲《しばれい》さんにもなんとかこのニュースを多くの人に広めることはできないかと相談しました。

もともと、日本の難民問題はおかしいと疑問をもっていた志葉《しば》さんだったので、こころよく承諾《しょうだく》してくださり、ベリワンの面会にいったことをもとにヤフーニュースに記事を書いてくれました。大手のネットニュースに掲載《けいさい》されたことで、あっという間にベリワンのことが知れわたります。記事の効果でFAXアクションはますます広がっていきます。

こんなに入管のことが注目されるということ自体が、画期的なことでした。

ツイッターで広がった、電話・FAXをつかった抗議

ベリワンは3日に一度は公衆電話で状況《じょうきょう》を知らせてくれたので、そのたびに私はツイッターで収容所のなかのできごとや病状などを投稿します。

週に一度は直接面会にもいっていましたが、入管にいくたびに早く解放してほしい

と職員にうったえることも欠かさずおこなってきました。

少しでも早く、外に出してあげなくては。その一心です。

幼いころのベリワンを思いうかべるたびに、身を切られるような思いがこみ上げてきました。


電話やFAXでの抗議《こうぎ》に多くの方が参加してくれるようになったある日、ベリワンが入管職員に呼び出されます。

「FAXや電話はあなたがやらせているのか。これ以上やったら外に出せないようにする。面会もできないようになる」という通告《つうこく》だったそうです。これは、ベリワンが指示したことではなく、私が呼びかけ、みんなが自分の意志で抗議《こうぎ》した結果です。

しかし、ベリワンはこのとき、ただ「やめない」とだけ言ったそうです。

このことを聞いて、私は法務省と入管の窓口に、「収容されているメルバンが、FAXアクションなど思いつくはずもない。私がやっている、だけど嫌がらせでやっているのではありません。こちらもどうしたらメルバンが解放されるのか、必死なの

「家族をかえして！」入管前に立つベリワンの母

です」とうったえました。

電話やFAXでの抗議《こうぎ》は迷惑《めいわく》なのではないかと思われるかもしれません。

ですが、まずは入管のやり方に反対している人がいるんだという姿勢を見せなくては、話になりません。電話・FAXであれば、日本全国どこからでも参加できますから、直接いくのがむずかしい人も声を届けることができるのです。

ここで、この抗議《こうぎ》行動の成果が見えた気がしました。

入管としては、真正面から抗議され

ると困る、ということがわかったので、やり続ける意味があると思えました。

「次はベリワンの番だよ！」

ベリワンの解放を求める発信をしはじめて1ヶ月ほど経った、2月19日のことです。

ベリワンから「良い知らせがあるんです！」とうれしそうな声で電話がありました。

「まさか解放!?」と一瞬《いっしゅん》、かん違いしてしまいましたが、収容所で友だちになった女性の仮放免が決まったとのことでした。自分のことのようにうれしかったらしく、収容所の電話料金は高いのに、それを私に伝えるために連絡してくれたのです。

「きっと次はベリワンの番だよ！」

友だちも出られたのだし、自分もすぐ出られる。このことでベリワンも希望をもっていました。

しかし、そんな気持ちを一瞬で吹き飛ばすかのようなことが同じ日にありました。

ベリワンが申請していた「仮放免」が3日前に不許可になっていたと大橋弁護士から聞いたのです。

「それ、本人知らないですよ！」と私が言うと、

「しかたないじゃないか、外からは（収容所に）電話できないんだから」と大橋弁護士が困ったように返しました。

収容所では、公衆電話を使ってなかから連絡することはできますが、外部から電話することができません。収容所から着信が入っても、出られないときは、折り返すことができないのです。仮放免のことをすぐにでもベリワンに知らせてあげたいのですが、その方法はありませんでした。せめてと思い、お母さんに連絡をすると、一瞬、固まったような空気が流れました。なんて残酷《ざんこく》すぎる伝言なんでしょうか。

次の日、収容所から私の携帯《けいたい》に着信が入っていました。

こういうとき、電話を取るのが怖くなります。

やはり、ベリワンは電話の向こうで泣きじゃくっていました。

「また発作が起きるかも……。熱が出るかも……」

病気のベリワンにはとても耐《た》えられる現実ではありません。私も声を聞くうちにだんだん耐えられなくなり、堰《せき》を切ったように涙があふれてきました。

「ベリワン、ごめん……‼」

この苦しみから救ってやれない、ベリワンの涙を止めてやれない、どうしてこんなにも理不尽《りふじん》な目にあっている彼女になにもしてあげられないのでしょうか。

もう一緒に泣くしかありませんでした。


後日、あらためて面会に入ったときのことです。

「もうやめようか……」

このとき、私の気持ちは完全に負けていて、ベリワンにもう抗議《こうぎ》活動はやめようと提案しました。私がネットでベリワンのことを発信し、みんなに知られるようになるとそれに比例して職員にいじめられてしまうのは彼女です。

私はすっかり自信をなくしていました。

しかし、ベリワンは「いいんです、続けてください。織田さん、悲しまないで」と言うのです。一番打ちのめされているのは、ベリワンです。本人ががんばって耐《た》えているんだ。励《はげ》ましてくれているんだ。まだやれることをがんばらなくては……。

ベリワンにまだやると約束したものの、電話やFAXでのアクションに限界を感じていました。

「これだけでは、変わらないな……」と途方《とほう》に暮れていたとき、SNSでメルバン・署名キャンペーンがはじまったことを知りました。

Change.orgという署名集めができるインターネットサイトで、#FREEMEHRIBANという発信者によって作られたものです。

私や志葉玲《しばれい》さんの記事を読んで、ベリワンの収容に怒りを感じた人たちが集まってくれたのです。署名活動のほかにも渋谷駅前でメルバン解放をうったえるスタンディング（集まってプラカードを掲《かか》げるなどの街頭アピール）もおこなわれ、多くの人が集まりました。

面会やSNSでの発信でいっぱいいっぱいだった私にとって、まさに天の助けとなるできごとでした。

ある日の入管 byおだ

いつ自由になるのか
わからない地獄で一人
メルバンは
絶望と悲しみの中で
苦しみつづけている
あまたニュースになった
ネット署名もできてる
渋谷でスタンディング?
知らない人たちが
メルバンのために行動してる
メルバンさんは今、病気
なのに自分の薬ものめず
収容されています
入管は人権守れ
WE STAND WITH REFUGEES
強制
反対
FREE MEHRIBAN
非人道的な入管に
声をあげましょう
ながく苦しめたままで
救えなくてごめんね
メルバンさんを
救おう!
メルバンさんを
助けよう!
でもメルバンのために
たくさんの人が動き
だしたよ

もうダメかもしれない……2度目の仮放免不許可

そんななか、3月2日に外国特派員協会《がいこくとくはいんきょうかい》にてベリワンのお母さんを中心に記者会見も開くことになりました。

家族が収容されているほかのクルド人女性とともに、入管問題をうったえる目的です。

記者会見は、多くの外国人の記者が駆《か》けつけ、ネットニュースなどに記事が掲載されるなど海外でも報道されました。

この勇気ある行動により、さらにメルバン・キャンペーンは盛り上がっていました。

しかし3月22日、入管からベリワンの夫に電話があり、理由は伝えられないまま、明日9時に入管に来るよう指示がありました。

ベリワンは「私のせいかも……」とすごく心配しています。

当然、良い話ではありませんでした。

夫の難民申請が却下されたのです。なんでよりによってこんな時期なのでしょう。

その日の夕方、前から告知されていた入管前でおこなわれるスタンディングに参加しました。

これもベリワンを助けたいと思う有志の抗議行動です。

みんな、思い思いに入管に向けてマイクで訴えます。

私も何気なくマイクを通して声をかけてみました。

「ベリワーン、聞いてるー？」

「はーい‼」

おどろいた。

なんと、収容所の10階にいるベリワンからはっきりした返事が聞こえたのです。地声でしたが、夜だったのもあり、声はよく響きました。

外と収容所のなかの会話ははじめての体験です。こんなことができるのかと思いました。

「旦那《だんな》さんねー、難民申請がダメになったんだってー」

「私のせいだー」

「違うよー、ベリワンはなにも悪くないよー。私たちはベリワンが自由になるまでがんばるからねー」

「ありがとうございまーす」

「ほかの収容されているみなさーん、私はベリワンの友だちです。ですが、あなたたちの味方でーす！」

オオオオオオオオオ――――――――ッ！！！！！！

収容所のなかから被収容者たちによる歓声《かんせい》が沸《わ》き上がったのです。

こんなに離れていても心が通じ合えるんだという瞬間でした。

彼らのためにも、私たちは負けるわけにはいきません。

後日、ベリワンから聞いた話だと、洗面台に乗って、高い窓から懸命《けんめい》に声を上げたそうです。

当然、職員の制止はありますが、決して聞こうとしなかったそうです。

外からの応援に、収容されている人たちから歓声が上がる

その1週間ほどたった3月の終わり頃、私にベリワンのお母さんから電話がかかってきました。

「ベリワン、ダメだった」

「え？……仮放免が？」

「ダメだった」

頭に大きな石で殴《なぐ》られるような感覚が走りました。

ショックを受けた私は部屋で一人、いままでにないほど声を上げて泣きました。

なにをやっても意味がない、しょせん入管にとって私なんて敵ではない。入管に対して抗《あらが》ったつもりでいたけど、それは勘違《かんちが》いにすぎない。

もうやめてしまおう、意味のないことをこれ以上続けてもしかたがない、見せしめにいじめられるのは、ほかならぬベリワン。ＦＡＸもやめよう。署名もやめてもらおう。もう、むだなんだ、なにもかも……。

どれだけ時間がたったでしょうか。子どものようにひとしきり泣いた私の気持ちは、だんだんと落ち着いてきました。

「それはちがう」

別の意見が私のなかに生まれてきたのです。

なんのためにベリワンががんばってきたのか。どんなにつらくてもあきらめなかったベリワンを私はうらぎるのか。彼女の努力、みんなのがんばりをなかったことにはできません。

そのとき、私の先輩であり、難民の母と呼ばれる牛久の会・田中さんの言葉を思い出しました。

「中途半端《ちゅうとはんぱ》が一番いけない」

『【お知らせ】メルバン・ドゥールスン、2度目の仮放免が却下《きゃっか》になりました。』

『メルバンの為《ため》に、入管に電話してくれたりFAXしてくれたり、署名を2500も集めてくれたり、記事にしてくださり、色々と本当にありがとうございました。これからも引き続きメルバンの応援をよろしくお願いします。』

『立て続けにみんな（収容者達）が仮放免却下《きゃっか》されて、自殺未遂《じさつみすい》もされて、メルバンまでダメになってさすがに私もどん底まで打ちのめされたけど、つらいのは収容されている人達。自分が意気消沈《いきしょうちん》している場合ではないので、今までの姿勢を崩《くず》すことなく入管に抗議を続けます。皆さんも、どうか引き続きお願いします。』


これが私の出した答えでした。

この投稿《とうこう》は小さな、小さな私の入管に対する挑戦状《ちょうせんじょう》。

なにがあってもあなた方のやり方に抗《あらが》う人間がいるのだと。

その心は、どんな大きな力をもってねじふせられたとしても、決してくじくことはできないのだと。

私は絶対にあきらめない。

　4月3日。ベリワンの2度目の仮放免がダメになってはじめての面会の日でした。力になれなかったのではと思うと、会うことが気まずい思いもありました。ですが、病気に苦しむベリワンは自分がつらいはずなのに、私にていねいにお礼を言いつつ、こう言ったのです。

「私、次の、3回目の仮放免こそ大丈夫だって信じているんです。そう考えないと自分を保つことができない……。でも……ダメだったらもうおかしくなっちゃうなあ」

　胸がしめつけられる。きっとベリワンはどれだけ時間がかかっても、解放までに1年や2年かかっても、「ありがとうございます。織田さんのおかげです」と言ってくれるでしょう。でもそんなのは耐《た》えられません。

「織田さん、私は最後にしたいんです。子どもが大人になったら収容されるなんて。

こんなに苦しいの、私で終わりにしたいんです。日本生まれの弟が捕まるのは嫌だし……」

自分のためだけではなく、抗議活動をするのは同じ境遇の子どもたち、そして弟が収容されないためにも、自分の苦しみを知ってもらうことで変えていきたいという気持ちなのです。

『メルバンは「子どもが大人になったら収容されるのは、私で最後にしたい」と口《くち》癖《ぐせ》のように言っています。彼女の切なる願いをを叶えてやれるように我々《われわれ》も頑張《がんば》りましょう。』

ツイッターでもベリワンの強い気持ちを投稿《とうこう》しました。

ある日の入管 byおだ

おとうさん
おとうさーーん
6F仮放免を決める部屋
おろ
おろ
おとうさんをかえせーーっ
大人になったらつかまるなんて思ってもみなかった
私もおとうさんと同じになっちゃった
でも日本育ちの子が収容されるのは私でさいごにしたいな
弟が収容されたらイヤだし
両親がいちばん辛いと思うの。きっと日本につれてきてごめんねって思ってる
やつれたな…
あんなに元気な子だったのに
ここにいると病気がよけい悪くなるから
私いつ外に出られるのかな。
おださん、どう思う？

やっと解放される！４ヶ月ぶりの再会

4月6日。2度目の仮放免が不許可になって、わずか8日目のできごとです。

その日、3度目の仮放免申請が許可されました。


『【緊急報告《きんきゅうほうこく》】メルバン・ドゥールスン、来週の火曜に解放です‼皆様、本当に本当にありがとうございました！』


やっと、長い拘束から解放される許可が出たのです。

収容は４ヶ月以上にわたるものでした。

当日は心待ちにしながらアルペルや妹と東京入管で合流しました。

しばらく待つと、ろうかの奥の扉から、職員たちに連れられてベリワンがやってきました。ベリワンとアルペルは再会したとたん、強く抱《だ》き合《あ》います。結婚して1年も

解放されて、やっと外に出れたベリワン

たたないうちにはなればなれになった2人は、どんなに恋《こい》しく思っていたことでしょうか。

職員は「手続きがまだ終わっていないのでダメです！」といいますが、2人は聞くわけもありません。職員たちもまあしかたないか、とあきらめた様子でした。

夫とのハグのあと、ベリワンは「織田さん」と言って、両手を広げます。ベリワンと抱《だ》き合《あ》い、本当にほっとした私は思わず「よかった……」と言葉をもらしました。

このベリワンのケースは、SNSを使って入管収容所問題・難民問題を発信し、みんなで情報を共有しながら抗議を展開したことで、比較的《ひかくてき》みじかい期間で収容所から出られました。どんなに困難であってもあきらめてはいけない、そう、身をもって感じる経験でした。

外国人の子どもたちには未来がない、日本。

日本で生まれても、育っても、大人になれば、仮放免の立場にいる人たちが収容されてしまう現実は変わりません。

これから先、第二のベリワンを生み出してはいけない。ベリワンは解放されましたが、根っこの問題は解決されていないのです。

非正規滞在の外国人と収容所

ここまで読んでも想像がつかないし、「本当に日本にそんなところがあるの？」と疑いたい気持ちになるかもしれません。

私は２００４年から、この入管の収容所が抱える問題に関心をもちはじめ、収容されている人たちと面会して、だれにも聞こえない彼らの声を、代わりに外に発信するボランティアをしてきました。

そのため、毎月何回も面会をしたり、彼らからの電話に対応しています。

収容所とはどんなところか、どんな人が収容されているのか、私がなんのためにこんな活動をしているのか。私は一人でも多くの人にこの問題を知っていただきたいのです。どうか最後までお付き合いください。

私たちの暮らすこの国には、ビザを持っていない外国人が存在します。

日本にいながら、ビザがない、もしくは期限が切れている人たちが収容の対象となります。ビザがない・切れているのになぜ、日本にいるのでしょうか？　みなさんはそう疑問をもつと思います。非正規滞在と言ってもそこにもさまざまな理由があり、事情もそれぞれです。

非正規滞在をしている人たちは、日本では「仮放免」もしくは「収容」という立場に置かれます。

仮放免とは、入管の収容所に拘束《こうそく》される対象であるけれども、一時的に社会で暮らすことを認められているという状態です。

仮放免のときは、日本の地域社会のなかで生活するのですが、健康保険や住民票を登録することなど生活するうえで必要な権利がありません。仕事をすることも禁止されています。移動には制限があり、となりの県に移動する自由がありません。たとえば埼玉に住んでいる人が、用事があって東京にいくにも最寄りの入管へ出向き、申請することが必要です。しかし最近では、よっぽどの理由が無ければ許可が出ません。無断で移動すると、たちまち収容所いきとなります。

彼らは、入管の定めた日（人によって違いがあり、2週間や2ヶ月ごとの人もいます）に必ず仮放免の延長手続きにいきます。

呼び出しに対する出頭義務《しゅっとうぎむ》というものがあり、いかなければ捕まってしまいます。手続きの日にとつぜん、更新《こうしん》が打ち切りとなり、着の身着のまま収容されてしまうこともあります。ですから、彼らにとって出頭日《しゅっとうび》の前日は眠れなくなるほどにこわい日でしかないのですが、それでもどこにも逃げる場所がありません。収容をまぬがれ、普通の生活をつなげていくためには、いまのところ多くの人にとってはこの方法しかありません。

「こんな思いをするぐらいなら自分の国に帰ればいいのに！」とだれでも思うところでしょう。

しかし、彼らはどんなに大変でも帰ることができない事情があるのです。それをみなさんに理解してもらえるように、少しずつ説明していきたいと思います。

第2章 世界と日本の難民事情

日本にいる外国人

ここでは、入管に収容された外国人たちは日本でどういう立場に置かれているのか、なぜつらい思いをしてまで日本にいるのか、ということについて考えようと思います。

参考までに、いま日本に外国人はどれだけいるのか、どのような属性《ぞくせい》の人たちなのか、図で見てみましょう。

日本には、260万人以上の外国人が住んでいて、日本人の人口に対して約2％の割合です（①）。

出身国をみると、おとなりの中国・韓国やベトナムから来ている人々がたくさんいることがわかります（②）。

ビザとしては、永住者《えいじゅうしゃ》と特別永住者《とくべつえいじゅうしゃ》が多く、その次が留学と技能実習《ぎのうじっしゅう》です。これらの統計には、ビザのない外国人は含《ふく》まれていませんので、実際にはもっと多くの外国人が日本で暮らしていることになります。

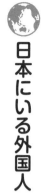

①日本にいる外国人※

※正規の資格をもつ外国人

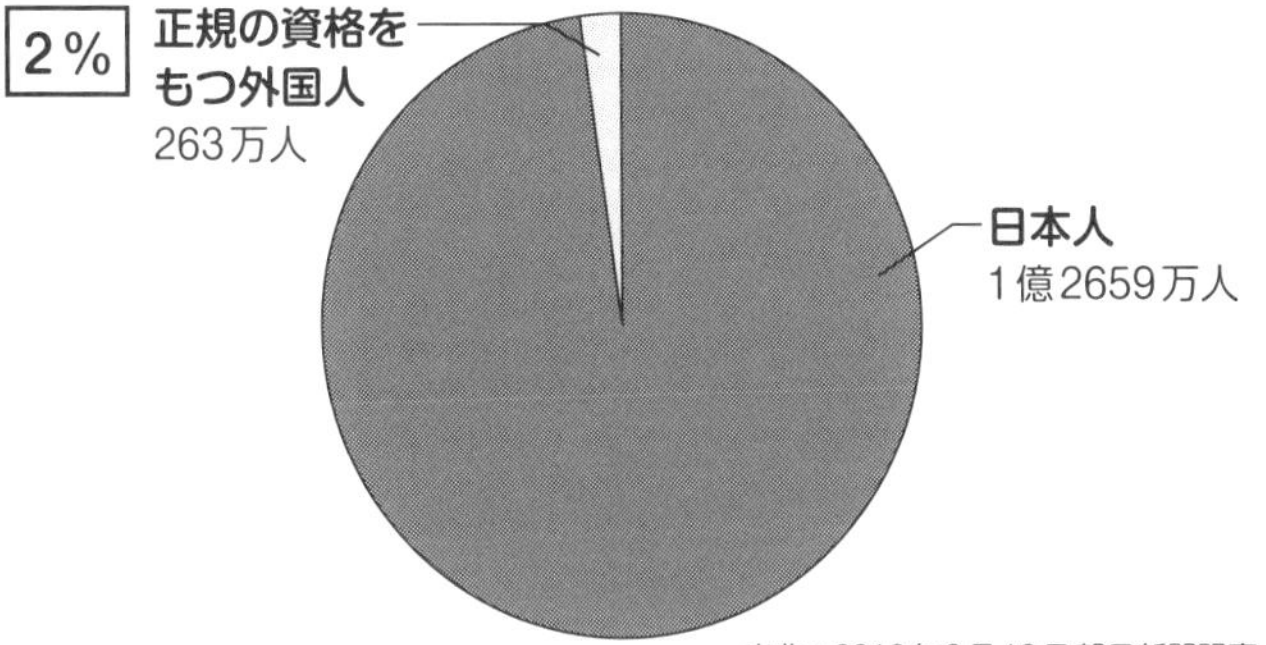

出典：2018年9月19日朝日新聞記事
https://www.asahi.com/articles/ASL9M5SB1L9MUTIL056.html

②日本にいる外国人※はどこから来ているか

※正規の資格をもつ外国人

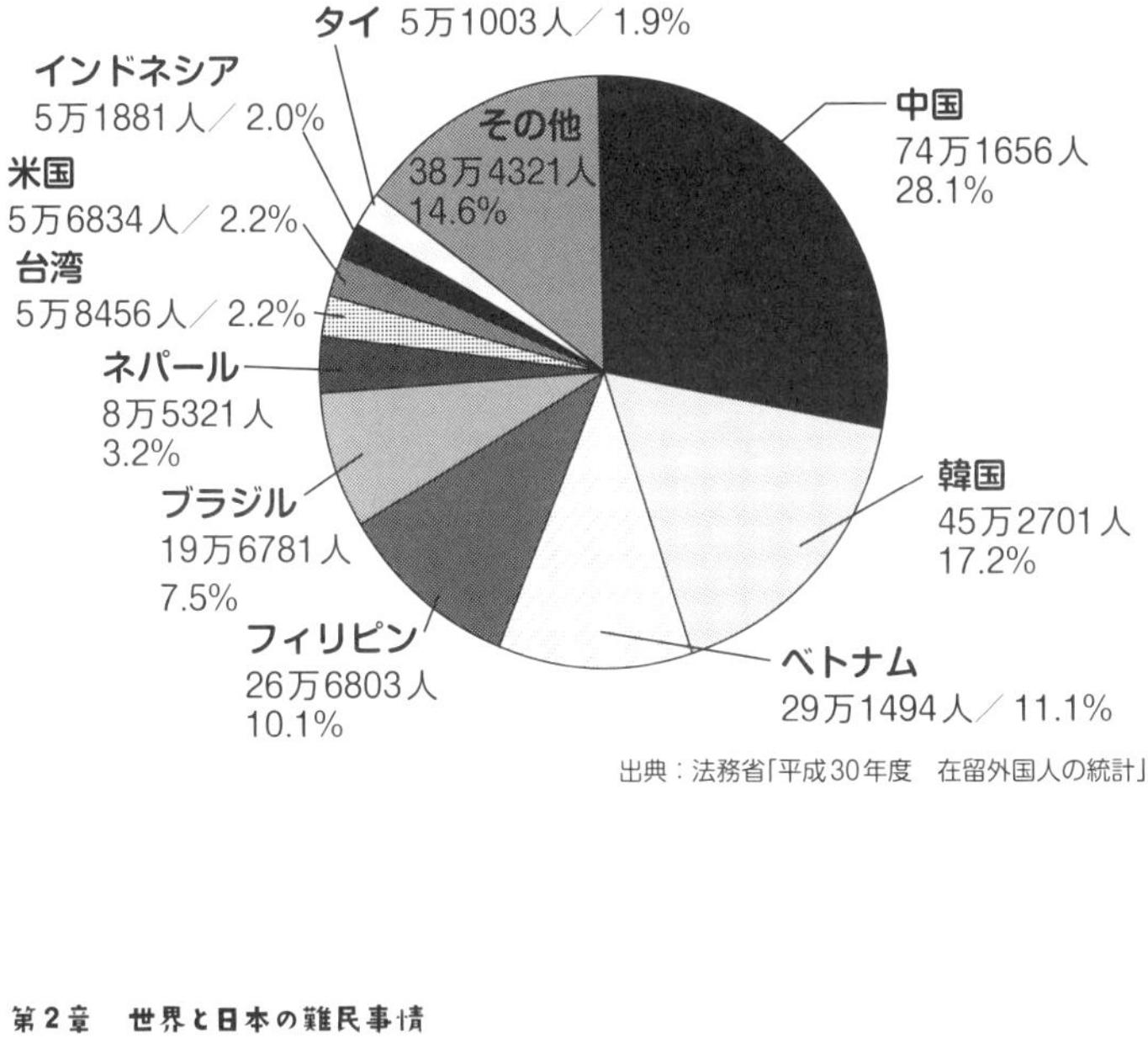

出典：法務省「平成30年度　在留外国人の統計」

難民と移民はどう違う？

「国連難民の地位に関する条約」が制定されたのは1951年で、第2次世界大戦が終結したのが1945年です。この戦争では、ヨーロッパで多くの亡命者《ぼうめいしゃ》を生みました。その後の冷戦の時代に難民問題はより深刻化しました。第2次世界大戦という大規模な戦争によって、ヨーロッパを中心に増えたために急務《きゅうむ》となったのです。

「国連難民の地位に関する条約」のなかで、難民はこのように定義されています。

難民とは、人種、宗教、国籍もしくは特定の社会的集団の構成員であること又《また》は政治的意見を理由に迫害《はくがい》を受けるおそれがあるという十分に理由のある恐怖を有するために、国籍国の外にいる者であって、その国籍国の保護を受けることができない者又《また》はそのような恐怖を有するためにその国籍国の保護を受けることを望まない者とする。

原文のままだと「国籍国」という言葉が聞きなれないかと思うので、「生まれた国」とおきかえてみてください。

条約の文章にあるように「住んでいる土地にはいられないと思うほど、故郷を離れなければならないほど恐怖《きょうふ》を感じている」人たちです。

移民とは、国をこえて移り住む人一般で、広い意味では難民も含みます。

国連では、**移民とは、出生あるいは市民権のある国の外に12カ月以上いる人**と定義されています。

移民は、出生国の外に住んでいる人すべてがあたるので、勉強のために国を離れている人や、働くことを目的として移り住む人など、事情はさまざまです。移民のなかには、生まれた国では仕事がなく、家族のために出稼《でかせ》ぎにいく人もいますし、政情《せいじょう》が不安定であるために土地をうつる人もいます。移動する人を指す「移民」のなかにも実際にはやむをえない理由がある人たちもいるのです。

国連は、移民の保護と安全の確保を国の責任として考え、協定をつくっています（「安全で秩序《ちつじょ》ある正規《せいき》移住《いじゅう》のためのグローバル・コンパクト」２０１８年12月10日採択）。ですので、国際的にも移民の権利は守られてしかるべきです。

そもそも、日本で難民だと認められていない人が、他国で難民だと認められるケースは実際にあることなのです。

私は、日本の難民の審査基準は、かなり厳しいものだという認識をもっています。「命を落とすリスクが高く、安心して暮らすことができない」「人権が守られない」といった事実があっても、難民として認められないのです。

難民として認められない人でも、在留特別許可《ざいりゅうとくべつきょか》という制度を使って、ひとまず日本にいる権利を得ることもできます。しかし、この制度も許可されている人の数は毎年多くありません。

難民認定される人は1%以下!?

日本の難民認定制度とは、国連の難民条約を国内の法律として整備したものです。難民という地位にあてはまるかどうかを審査《しんさ》して決定をくだす、という手続きです。

日本ではいままでにどのくらいの人々が難民申請を出し、認定されているのでしょうか。

法務省《ほうむしょう》の統計データからみていくことにしましょう。

10年間でみると2011年を境《さかい》として、認定の割合は極端《きょくたん》に低く、1%にもとどきません（③）。

87頁下の表でほかの国をみてみましょう（④）。

日本は、UNHCR（国連難民高等弁務官事務所。難民の保護や支援をしている組織）の活動を援助《えんじょ》するために渡《わた》しているお金はかなり多く、表にある他の国と比較《ひかく》したランキングで第4位です。しかし、難民認定を出して、国内で受け入れている人数は他国にくらべてかなり少ないと言えます。

日本が難民の受け入れをはじめたのは1970年代です。その頃《ころ》、ベトナムなど東南アジアからの難民が世界的に増えたことで、日本も国際社会から受け入れを要請《ようせい》されます。これまで日本はインドシナ難民（ボートピープル）を外圧により受け入れ、1万1000人以上の人を保護してきました。

このとき、いままで批准《ひじゅん》していなかった条約にも加盟することが求められます。「国際人権規約」と「国連難民条約」です。そのあとまもなくして、これら条約を法律のかたちで動かすために、戦後すぐにつくられた出入国管理令《しゅつにゅうこくかんりれい》を廃止して、「出入国管理および難民認定法」が制定されます。

この法律を適用するのは、行政機関「入管《にゅうかん》」です。この法律のもとで動いている入管は、これまでさまざまな問題をかかえてきました。

入管は、難民認定とは真逆の考えである「強制送還」することも業務の一つです。

難民は、国際法上のあつかいとして、強制送還《きょうせいそうかん》してはいけないという原則があり、ノン・ルフールマン原則といいます。これは、出身国に帰してしまうと迫害を受ける

③ 2008 ～ 2018 年に難民申請した人たち

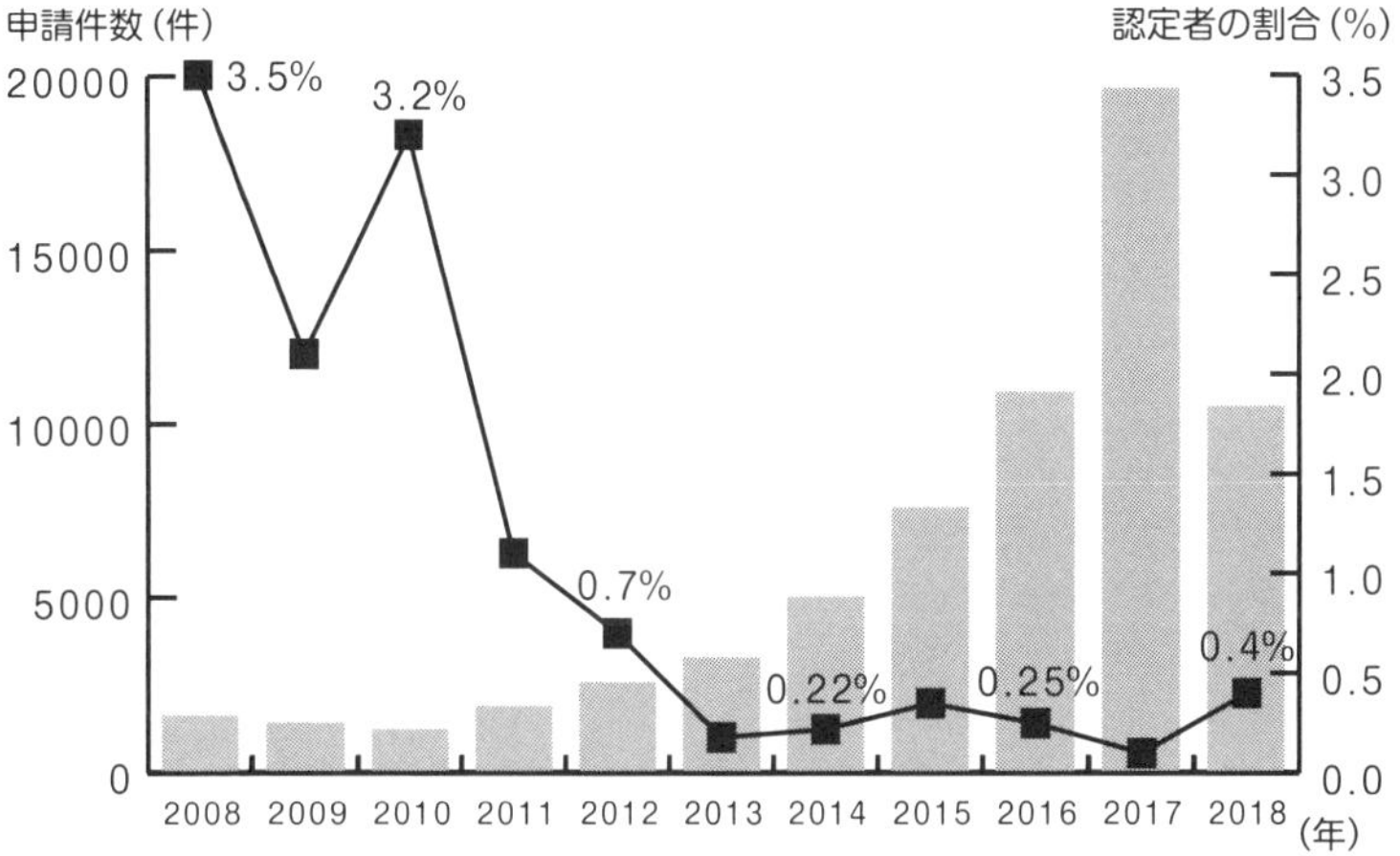

注：その年の「条約難民」認定数と申請者数で割りだした数字を「認定者の割合」として算出しています。
出典：法務省「難民認定者等について」プレスリリース（2005 ～ 2018）、「我が国における難民庇護の状況等」より申請者と条約難民認定者（一次審査＋不服申立て）の項目を参照。

④ G7 諸国＋韓国・オーストラリアにおける難民認定数等の比較

国名	UNHCR 拠出金		申請 / 申立（件数）	処理	
	金額（百万ドル）	順位		条約難民（人）	補完的保護等（人）
米国	1,493.80	1	261,965	20,437	-
ドイツ	283.9	3	745,545	263,622	179,588
日本	**164.7**	**4**	**16,098**	**28**	**97**
カナダ	117.3	5	23,619	10,226	-
英国	113.9	6	54,941	13,554	1,534
オーストラリア	39.9	12	33,454	6,567	-
フランス	39	14	125,682	24,007	12,617
イタリア	24.6	16	122,972	4,798	30,606
韓国	20.1	19	7,542	57	248

注：補完的保護（ほかんてきほご）……難民と正式には認定されないものの、さまざまな理由から帰還が可能でない・望 ましくない者の在留を正規化するための扱いで、国によって異なる。
出典：全国難民弁護団連絡会議のホームページ、国際連合難民高等弁務官行動計画執行委員会常設委員会第 18 回会合、資料より引用。

恐《おそ》れがある人たちにあてはまります。

入管は以前、国連から難民（「マンデート難民」＝UNHCRが難民であると認めたケースを指す）だと認められたトルコ国籍のクルド人親子を強制送還してしまったこともあります。このようなケースを見ると、難民条約の本質である「人道《じんどう》支援《しえん》」のための仕事をしているとは、とても思えません。

日本ではどんな人が難民認定されるの？

日本で難民認定に申請した人たちの国籍をみてみます。

この年（平成30年度・2018年）は、1万4493人が難民申請をしており、難民認定された人はそのうち42人です。申請者の中には過去にも申請をしたことがある人が約7％います。

出身国別の図をみると、申請者はインドネシアやネパール、フィリピンといった東南アジアから来日した人が多いようです。そのほか、スリランカやミャンマーなど多くの人が難民として国外に出る国からも来ていることがわかります。トルコからも多くの人が来ているようです（⑤）。

次頁の図（⑥）を見ると、難民申請者の96％は、申請した段階では正規のビザを持っていて、のこり4％の人はビザがないことがわかります。

ほとんどの人は入国しやすい観光ビザでやってきて、ビザの期間中に申請していま す。そのほかは「技能実習」という資格です。

日本の難民申請の手続きについてですが、これにはかなり時間がかかります。大体2、3年待つと言われており、そのあいだは難民認定申請中という不安定な立場で暮らすことになります。

日本での申請は、2段階あります。書類審査《しんさ》と面接です。書類をもとにしておこなわれるインタビューで、難民であるという明確な証拠《しょうこ》が求められるなど、ハードルはとても高いと言えます。知らない土地で自分の経験を証明する証拠をそろえることは、限りなく不可能です。

⑤日本にやってくる難民申請者たちの出身国

（平成30年度、上位10位まで）

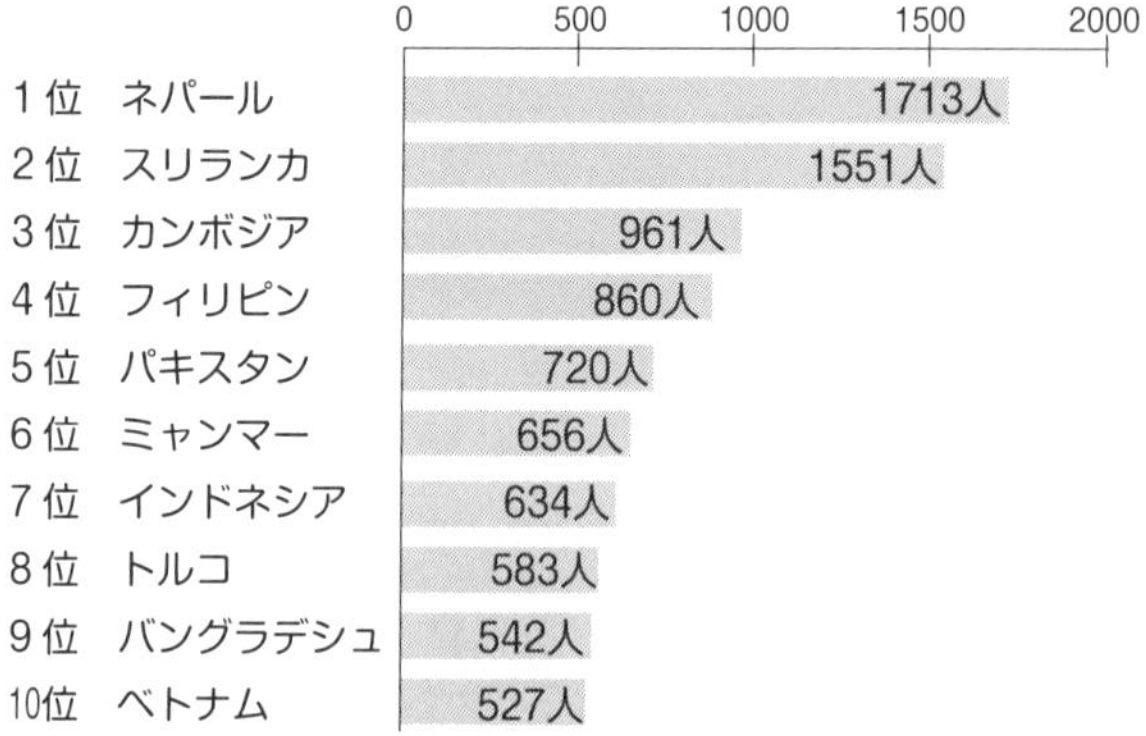

出典：法務省「平成30年度　在留外国人の統計」

⑥在留資格別難民認定申請者数のうちわけ

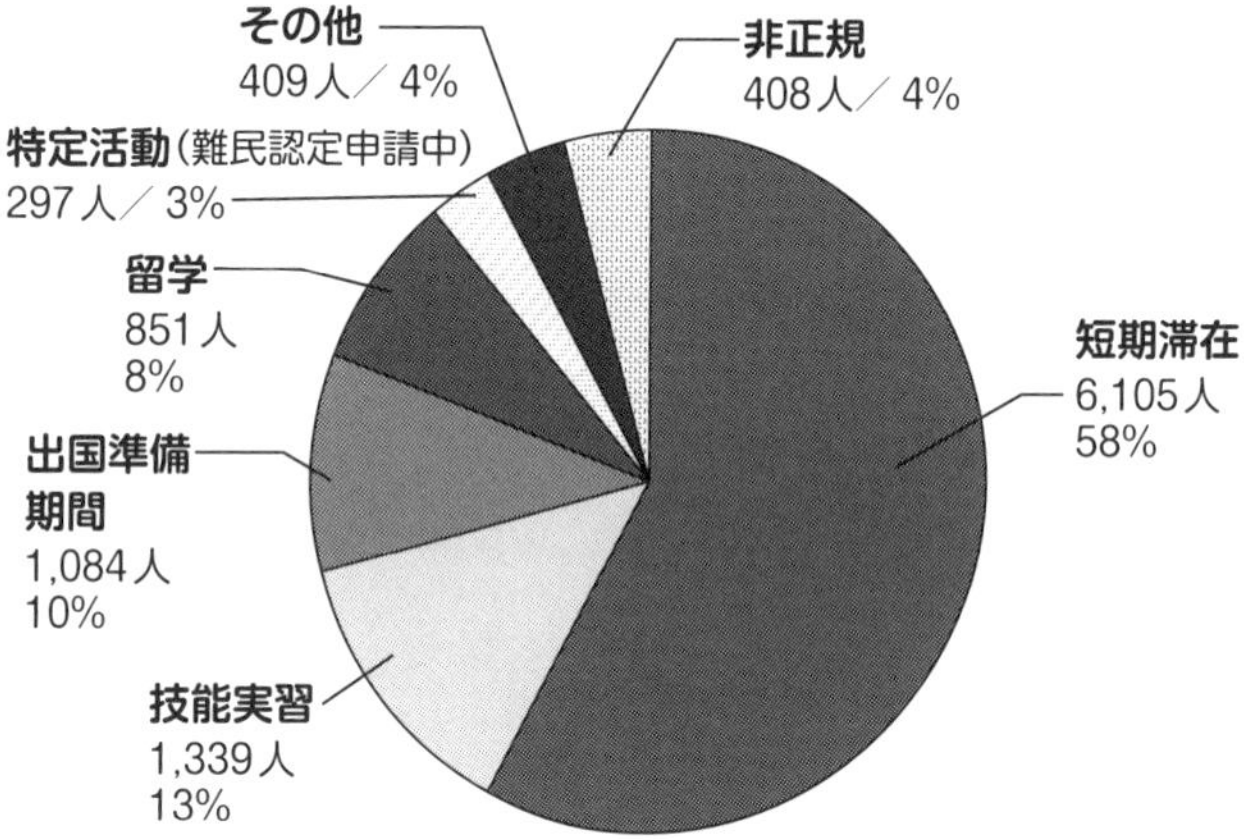

出典：法務省「平成30年度　在留外国人の統計」

また、言葉の問題もあります。インタビューの通訳についても、中立的で適切な表現ができるという「質」は保障されているとは言えません。なれない土地で自分の人生を左右するような手続きをすることは、こちらの想像以上にむずかしいことです。

世界の難民・移民事情

では、世界に難民はどのくらいいて、どこからどこへ移動しているのでしょうか。世界の国々との比較は、国内の問題を考えるヒントになることでしょう。

ＵＮＨＣＲが今年出したレポート（「UNHCR world trend report 2018」）によると、いま世界で紛争や迫害などで、移動を強いられた人（＝難民）は、７０８０万人いるのだそうです。

難民の発生国を見てみましょう（⑦）。

⑦難民発生国（上位）と難民受入国（上位）

難民発生国（上位）		難民受入国（上位）	
1. シリア	670万人	1. トルコ	370万人
2. アフガニスタン	270万人	2. パキスタン	140万人
3. 南スーダン	230万人	3. ウガンダ	120万人
4. ミャンマー	110万人	4. スーダン	110万人
5. ソマリア	90万人	4. ドイツ	110万人

出典：UNHCRグローバルトレンズレポート2018

67%が5ヶ国に集中しています。難民のうち、半数は子どもだといいます。

世界的には最大の受け入れ国はトルコです。

世界の難民の84%を開発途上国《かいはつとじょうこく》で受け入れ、先進国は全体の16%です。

受け入れを決めたヨーロッパの国々でも、治安上の不安や雇用問題など大きくゆれています。ヨーロッパに来た人の多くは、シリアやアフガニスタン、イラクやエリトリア出身です。

EUは、2015年に「欧州難民危機」をむかえました。たくさんの難民がヨーロッパに押し寄せたときに大混乱が起き、難民が他国へ渡航している途中に命を落とす事態が多発しました。

さまざまな語り方や報道がありますが、こうした経験を私たちも知る必要があると思います。

1992年頃、韓国は日本の技能実習制度を参考にして自国にも取り入れました。しかし国内で、あまりに非人道的《ひじんどうてき》であるという声が強まり、当時の金大中《キムデジュン》政権のもと、見直されることになったそうです。

韓国もまだまだ課題は山積みですが、外国人労働者の受け入れに、前向きに試行錯《しこうさく》誤《ご》を続けています。また、外国人が困らないように支援センターなどの体制も整っています。明洞《ミョンドン》という街にあるソウルグローバル文化体験センターでは、韓国で暮らす外国人のためのマニュアルが本として一冊にまとめてあり、何ヶ国語もの翻訳があり無料で提供されると、ジャーナリストの安田浩一さんの講演会で知りました。

2019年1月、私は旅行で韓国を訪れたついでに、このセンターに足を運んでみ

ました。職員さんに「日本語のマニュアルはあるでしょうか」と聞いてみたところ「3年前のものですが……」とていねいな日本語で本を提供してくださいました。

「ソウル生活ガイド」と書いてある本は、韓国で生きるためのあらゆる必要な知識が書かれていました。ここではなんでも相談にのってくれて、いきたい場所を聞くとすぐに調べてくれます。医療機関の利用やごみ出しなど生活するうえで知っておくべき、こまごましたことを教えてくれるそうです。明洞駅の近くにあるピンク色の目立つビルで、場所もとてもわかりやすいところも親切だと思います。

こうして考えてみると、日本は韓国に遅れを取っていることになります。日本も韓国を手本としてみることが必要ではないでしょうか。

難民・非正規滞在者の働きかた

外国からやってきた難民・移民たちも働いてお金を稼《かせ》がなければ、自立して生きていけません。しかし、就労《しゅうろう》が許可されず、苦しい思いをしている人たちもいます。

いま、日本では難民認定された人は働くことができます。政府から学校や仕事のあっせんをもしてもらうことも可能です。しかし日本で難民認定される人は、そうそういません。


また、難民申請中であっても、「特定活動」ビザが一時ビザとして与えられれば、申請から半年たてば働くことができます。ただこのビザは難民申請が却下されれば、簡単に取り消されてしまうのです。そうなってしまうと生活ができなくなります。挙《あ》げ句《く》のはてに収容されてしまう人もいるのです。

ある被収容者《ひしゅうようしゃ》は、「自分は難民であり、日本社会や入管に求められたルールを守って、真面目にやってきた」といいます。

しかし、ある日ビザを取られ「今日から、この建物（入管）を出たら、あなたはオーバーステイだから」と宣告《せんこく》させられました。よい就職先も決まって、日本人の婚約者《こんやくしゃ》との関係もうまくいっていて、これからというときでした。彼は「オーバーステイになりたくない！」と職員に必死に嘆願《たんがん》したものの叶わず、その数ヶ月後に収容されてしまいました。

ビザのない人たちは大変です。そもそも仕事は生きるために必要な手段です。なぜ働くことを禁止するのでしょうか。家族や子どものために働けば「不法就労」と言われ、あたかも大きな犯罪をしたかのようにテレビやネットなどニュースに顔と名前をさらされてしまいます。

けれど彼らは物を盗《ぬす》んだのでしょうか、人を傷つけたのでしょうか。

ただ働いた、それだけなのです。

日本独自の〝在留特別許可〟という制度

難民認定はむずかしくても、在留特別許可（在特）を取れれば、簡単にビザが切られることはいまのところありません。経過によっては更新年数《こうしんねんすう》も伸びていき、永住資

⑧2012～2017年までの在特が許可されたすべての人の数

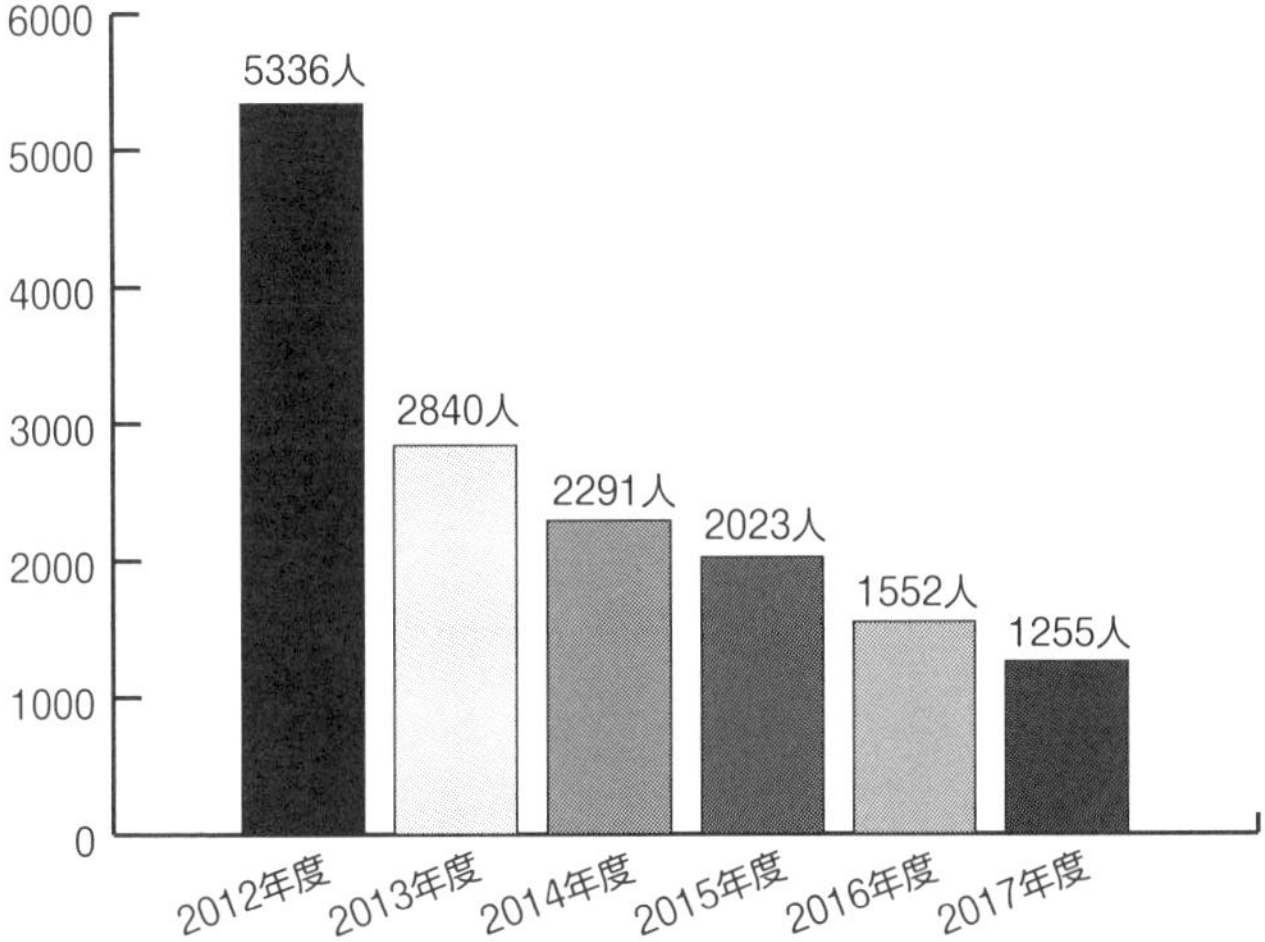

出典：弁護士ドットコム https://www.bengo4.com/c_16/n_9413/
法務省「入国管理局・退去強制業務について」を参照

格を取ることも不可能ではありません。ですが、その在特ですら厳しく、取得できる人の数も年々減ってきているのです。政府の資料を見てみると、２０１７年には２０１２年の４分の１以下の件数（５３３６人⬇１２５５人）しか認められていないことがわかります（⑧）。

　在特を得られれば、どんな職種でも働くことはできるし、レストランを開いたり、起業したりと、自分の力で切りひらいていくことも夢ではありません。

在特は、法務局が法務大臣の裁量のもとで「許可」しているものです。評価基準があいまいなので、まさに法務大臣から「恩恵」として授けられているものと日本政府は位置づけており、批判されています。

ビザのない外国人はすでに多くいて、私たちは彼らにどこかで助けられ、同じ社会の一員として暮らしています。彼らに正規の資格を認めることが課題なのではないでしょうか。

日本の移民政策の問題点

２０１８年12月、とうとう改正入管法が成立してしまいました。強引ともいえる改正は入管に収容されている人たちに大きな不満をもたらすこととなりました。

長年、日本で暮らして言葉を習得し、文化を理解している在日外国人たちは、自分たちに就労ビザを出して、正規の仕事で納税させるほうが合理的ではないかと考えているからです。

それなのに、いまいる外国人のことは認めずに、新しいビザをつくって、34万人を受け入れるという法案に「なぜ、こんな面倒《めんどう》なことをわざわざ?」とみんなは理解できない様子です。


この入管法の改正は、新たなビザが2つできたことと、入管を「庁《ちょう》」にグレードアップさせるというものです。

新たなビザは、「特定技能」というもので「第1号」と「第2号」があります。「第1号」は、日本政府が受け入れを決めた14の職種への専門スキルは問われませんが、「第2号」は必要です。

しかし「第1号」の資格で来日した場合、5年たったら、ほとんどの職種の人は帰らなければいけません。

「第1号」→「第2号」に移行できるのは、2つの職種だけです。また、日本での

⑨改正入管法とは？

ビザ	期間	特徴	
特定２号	事実上の永住	家族も一緒に来られる	２業種のみ
特定１号	５年から更新	家族も一緒に来られない	14業種

技能実習生　そのほか希望者

結婚や子どもをもつことも許されません。こうしたことに、外国人の生活の権利が守られていないという批判が出ています。

ちなみに「第2号」では1~3年ごとの期間で更新ができます。更新時の審査を通過すれば更新回数に制限はないそうです。配偶者や子どもの家族の帯同《たいどう》（同行）も認めるものです。ですが、くわしい中身は決まっていません。

もともとあった「技能実習」という制度には深刻な課題があります。この本の冒頭《ぼうとう》でも紹介したように、人権が守られていない人たちがいるのです。この課題を解決しなければ、新しい資格の運用でもおなじ事態になってしまうのではないかと思います。

これまでの技能実習制度で来日した人のなかには、移住を仲介《ちゅうかい》するビジネスをしている〝ブローカー〟という人に「日本へいけば、お金を稼げて貯金ができるので故郷に帰ったときに裕福《ゆうふく》な生活を送れる」とだまされ、仲介料や渡航費《とこうひ》を出身国で借金してやってくるケースもあります。

それに加えて、技術をまなぶために来たはずが、悪質な日本企業《きぎょう》にあっせんされて、過酷《かこく》な労働を強いられているという事件が大きく話題になりました。

日本にやってきたものの、現実は時給300円程度にしかならない違法《いほう》労働をさせられた中国人の技能実習生が裁判を起こすケースもありました。

これは、日本の労働基準法違反《ろうどうきじゅんほういはん》の働かせ方です。

来日するための費用が100万円以上かかった人もいたそうです。

母国で苦労してお金をあつめて来日したのに、長時間残業や休日出勤、日本人経営者によるパワハラやセクハラの被害にあうのです。

この制度では、どんなにひどい環境でも転職は許されませんでした。経営者の気持ちひとつで時給をさらに下げられてしまうこともあれば、強引に母国に帰されてしまうのもよくある話です。逃げれば入管に捕まり、結局は強制的に帰国を余儀《よぎ》なくされてしまうのです。

この制度で2010〜2017年のわずか8年間で、174人もの外国人が命を落としてしまいました。この期間に日本にやってきた若者の数は、20〜30代の若者が「不審死《ふしんし》」「過労死《かろうし》」しているという異常な事態となっています。

しかも、これはあくまで法務省が把握《はあく》している数にすぎず、実はまだまだいると推測されています。長時間労働や労働・生活環境の問題は、仕事中の事故にもつながります。

ですが、いままで労災《ろうさい》として過労死認定が出ているのはたったの2件だけです。死亡者数から考えても闇《やみ》に葬《ほうむ》られたケースはもっとあると想像できます。

問題を放置したままの改正は、さらなる不幸な人々を生み出すだけにすぎないのです。それでも日本政府は、このような人間の使い捨てをあらためようとはしてくれないのです。

八方ふさがりになっても、日本には彼らのための救済制度がありません。泣《な》き寝入《ねい》りをして帰国するか、のこされた道として日本にのこるために難民申請する人たちが急増していきます。

こうした問題を取り上げず、「偽難民《にせなんみん》の増加」といって叩くメディアの報道もありました。

働くため、夢をもってやってきた若者たちは、だまされ人生を破壊《はかい》されたことになります。

貧乏《びんぼう》から抜け出したい、家族に楽をさせてあげたい、それぞれの思いをふくらませやってきて、だまされたことに気づいたときにはもうどうすることもできません。

息子が日本へ渡るために抱えた借金を返すため、家を売《う》り払《はら》った親もいるといいます。それでも返せない人たちはどうしたらいいのでしょうか。

技能実習制度とは、「国際交流と日本の技術の伝達」という目的ではじめられたものだったはずです。それがこのようなかたちでは、とても「国際交流」とはいえません。日本で暮らす外国人にも、日本人とおなじように生活者として、労働者としての権利を認めなければいけません。

難民申請者・仮放免者の暮らし

日本で難民申請をしている人は、ＲＨＱ（難民事業本部）で補助を受けることができます。この団体は政府の委託《いたく》で、難民の定住を支援しているところです。相談にのったり、教育や自立活動に使う支援金を出したりする業務をしています。ここでの生活補助は、日本人の生活保護によく似ています。審査はかなり厳しく、プライベートなことも包《つつ》み隠《かく》さず話さなければなりません。

「口座にある残金はいくらなのか」「いま、財布にはいくら入っているのか」など金銭状況も洗いざらい答えなければいけないのです。審査を受けたものの、そこから外れてしまう人もたくさんいます。

たまに母国の家を貸し出して、家賃収入で暮らせているという人の話も聞きます。それだと日本で無理に働く必要もないので相当、運が良いほうだと思います。

支援者がいれば、生活に必要なものを手助けしてもらうということもありますが、支援側の負担が圧倒的《あっとうてき》に大きいのでみんなができることではありません。私はとてもできないけど、これをやっている支援者には本当に頭がさがります。

クルド人は埼玉県《さいたまけん》川口《かわぐち》市《し》に2000人前後いると言われています。ほとんどが親戚《しんせき》同士なのでコミュニティが結構しっかりしています。

だれかのお父さんが収容された場合は、兄弟や親戚でその家族を助け合います。

もちろん一人ひとりが精いっぱいなので大変ではあるけれど、コミュニティ全体の力で、仮放免《かりほうめん》になるまでなんとかしのぐことはできるのです。

どうしても頼る人がいない場合、働かなければ生きていけません。

家族が食べていけないという状況でしたら、たとえ就労を禁止されていても、隠れて働くしかありません。帰る場所もないですし、餓死《がし》するわけにもいきません。生きるためにはどうしてもしかたがないことなのです。

働くことが許されていない人たちは、「じゃあ、盗めばいいのか?」「入管は、われわれに犯罪をしてほしいのか?」と聞くのですが、入管側は「自分でなんとかしてください」と言うだけで、彼らの声を聞くことは一切ないのです。

第3章
「入管」に収容される難民

“面会”ってどうやってするの？

ここで、私の主な活動である、入管施設での面会支援についてお話します。どのような流れなのか、どのような人たちと会っているのかわかっていただけるかと思います。

私は主に東京《とうきょう》入管《にゅうかん》の面会をしています。

入管の建物、正面から見て左にある入口に受付があります。面会票という書類に面会相手の国籍と名前、そして面会者である自分の名前と国籍、住所、電話番号、面会要件などを書きます。すべて書けたら一階で職員に面会票と身分証明書を見せます。

２０１９年6月10日以降、さらにボランティアに対する面会ルールが局長の意向により厳しくなり、一度に10人の面会申請ができていたのに、一人（おなじブロックの人同士なら、2人まで）しか申請できなくなり、面会が終わったら、また新たに申請をするという非常に厳しい制限をかけられるようになりました。私は1日16人ほど面会で来ていたのに、これにより半分以下しか面会できなくなりました。これもすべて、入管のみに許されている自由裁量《じゆうさいりょう》によるものなのです。

ここでの手続きが終わると今度は7階にいき、もう一度、面会票と身分証明書を見せないといけません。すると待合室のソファで職員に名前を呼ばれるまでしばらく待ちます。名前を呼ばれたら、ロッカーのカギをわたされるので、そこに荷物を預けます。

それから、体に危険なものを身に着けていないか、金属探知機《きんぞくたんちき》でチェックを入念に受けます。

金属探知機のゲートを抜けたら、床も壁も真っ白でせまく、殺風景なろうかが長く奥まで続き、左右にはいくつもの白いドアが行き止まりまでずらっと並んでいます。

自分の指定された番号のドアをあけると、刑務所《けいむしょ》の面会室とほぼ変わらない光景があります。部屋の半分はアクリル板で仕切られていて、被収容者とふれ合うことは決してできません。

面会室の部屋は息苦しく、真っ白な壁に被収容者や面会者が書いたと思われる落書きがあります。

「くるしい」「たすけて」という日本語や、入管に対する恨《うら》みつらみが色々な国の言葉で書きなぐられているのです。新しい落書きを見つけても、次の面会に来ると職員により真っ白に塗《ぬ》りつぶされているのですが、また面会に来るとうき上がってくるかのように、落書きはいつのまにかそこにあります。

どうしても消せることのできない彼らの苦しみが、落書きにこめられているようで切なくなる場所です。

透明《とうめい》な壁《かべ》の向こう側

このアクリル板の向こうには、いったいどんな人たちがいるのでしょうか。

難民として逃《に》げてきたけど認《みと》められなかった人、高度《こうど》経済成長期《けいざいせいちょうき》の時代からずっと日本で働いてきた人、実習生や留学生として夢をもち、大金をなげうって来たけれどなんらかの理由で非正規滞在《ひせいきたいざい》となってしまい、母国に借金があるため帰れない人、日本人の配偶者《はいぐうしゃ》（婚姻関係《こんいんかんけい》のある家族）がいるけれど許可がでない人、日本人の配偶者《はいぐうしゃ》と離婚《りこん》や死別《しべつ》をしてしまったため更新が認められなかった人、犯《おか》したり、巻きこまれるなどして刑務所からそのまま入管に移送された人、本当にさまざまな立場の人がここにいるのです。

面会室にあるパイプいすに座り、相手を待ちます。相手や職員の都合上、長く待つことが多く、ときには20分くらいかかるので面会は忍耐《にんたい》が必要になってきます。

アクリル板の向こうにもあけっぱなしのドアがあり、その向こうもろうかになっていて、職員や被収容者《ひしゅうようしゃ》がいきかっている様子が見られます。ほかの面会室に向かう人、洗たくをしにいく途中《とちゅう》なんだろうな、という人……。みんな、部屋に戻《もど》されるまでのみじかいフリータイムのなかで、ちょっと急いでいるようにも見えます。たまに面会を待っている私に気づき、知らない人だけど手をふってくれることもあります。ときには「ボランティアの人？　私にも面会してよ」と声をかけられたことで縁《えん》がつながることもあります。

入管に収容されている人たちに話を聞くと「ここは刑務所のようだ」「いや、刑務所よりひどい」と口々にうったえます。

まず一度収容されると刑期（期間）というものがないので、いつ解放されるかがわかりません。

半年で出られるのか、1年なのか、3年なのかだれにもわからない。せめて、それさえわかっていれば1年がんばろうと目標になり、気持ちを強くもつこともできます。

この無期限収容《むきげんしゅうよう》が、なにも展望《てんぼう》がもてず、収容者が精神的《せいしんてき》にまいってしまう最大の原因といえるでしょう。無期限収容《むきげんしゅうよう》に関しては、人種差別撤廃《じんしゅさべつてっぱい》や自由権《じゆうけん》といった観点から、国際人権機関から注意を受けており、国際社会においては非難の対象です。

長い期間にわたって、ただただそこにいる無期限収容だけでもとてもつらいのですが、彼らが頭をなやます問題は、この収容所ではきりがないほどにあります。

ある日の入管 byおだ

面会に入る
わー赤ちゃんだ
おださんの子!?
かわいいね ちいさーい
そお?
女の子かーいいねー
場が明るくなる
オレも子供に会いたいなー
何年会ってないだろ…
オレなんか離婚されて子供がどこにいるかもしらない
いつまで収容されるのかな…
ず〜〜ん
場が….

ありえない！入管の3つの問題　①ごはん

その大きな問題の一つはまず食事です。

人間は生きるうえで、たとえだれであっても「食」は必要不可欠なものですよね。

私たちは、毎日の何気ない生活のなかで「今日は、なに食べようか？」と家族ないし友人などと、こんなたわいのない会話をしながら、自由にそのときの気分で好きなものを食べています。

でも収容されている人たちはそうはいきません。

収容所での給食はすごくまずくて、少なくて、おまけに冷たくて、とても食べられないという人を何人も見てきました。「外国人だから日本の食事が合わないだけでは？」と思う人もいると思います。私も最初はそう想像していました。

しかし、10年以上も収容所での面会を続けていて、面会する相手がどんどん変わっても、だれもが食事に対しておなじような感想を言っているのです。

給食がつらいという人のなかには、10～20年以上と長いあいだ日本に暮らしている人も多く、日本の食文化や味つけをよく理解しています。

そのうえで、入管の食事はやはりひどいと言うのです。

油べとべとのコロッケ、たまにおかずに虫が入っていたり、ゴミが入っていたりする、とのことです。おなじ日に、何人もの人から「昨日、弁当から髪《かみ》の毛が出てきた」と聞いたこともあります。ときには魚が腐《くさ》っていたなんて話も、支援者なら聞いたことがある話です。

「これはちょっと放っておけないな」と思ったので、入管の処遇《しょぐう》部門に出向き、食事について聞いてみることにしました。

そのときは、女性と男性の職員が対応をしてくれました。

男性職員は、「私たちもおなじ給食を食べています。予算が少ないのもありますが……」と、少し困った様子で、私の質問に答えていました。

横にいた女性職員は、「私たちだって食べているんです。腐ってるなんて、ありえません！」と真っすぐな姿勢で反論します。

これでは被収容者たちが言っていたこととまったく真逆です。

「では、美味しいと思いますか?」と聞いてみると、男性職員は少し困った顔をしながら、「少し……うす味かな?」と言いづらそうに答えていました。

女性職員はなにも言わず、だまっていました。


実際のところ、私自身も給食は見たことも食べたこともありませんので、入管側の言っていることがうそか本当かもわかりません。でも、なぜ、そのように証言《しょうげん》が違うのかが不思議でならないので、事実を確かめたいと思うのです。

何度か「給食を食べさせてほしい」と申し入れをしてみたのですが、そのたびに「そんなの無理です」とあっさり流されてしまいます。

私のような個人の支援者に食事を作る工程を見せたり、試食をさせたりするのは、組織の性質上むずかしいかもしれません。

では、第三者支援機関《だいさんしゃしえんきかん》・人権団体のぬきうちでの検査を検討するべきですし、市民に公開する場を設けてくれてもいいのではないかと思います。

ありえない！入管の3つの問題　②医療

ほかにも深刻な問題があります。それは「医療」です。

東京入管だけで2019年現在500人近くいる被収容者に、医療がとてもいきわたる状態ではありません。非常勤のお医者さんが来る日に病気の相談ができるのですが、病院のように大きな設備はありません。

毎週曜日ごとにお医者さんが変わるようなのですが、被収容者と目を合わせてくれず、触診《しょくしん》もなく薬だけ出すこともあるようです。体の具合が悪いときほど、ケアをしてくれるお医者さんは、話を聞いてしっかり診てくれる信頼できる人でないといけないと思います。

ですから、だれもが、外の病院でのきちんとした治療を希望するのですが、2ヶ月以上も待たされたり、長くて1年以上も連れていってもらえていないという人もいます。これは、「医療放置《いりょうほうち》」と呼ばれるものです。医療を受ける権利は、人として当たり前に認められるべき権利です。

長期間ほっとかれてしまうことで、病気が悪化し、あまりの痛みに耐《た》えきれず、自殺するために洗剤《せんざい》を飲んだり、手首を切ったりしてしまう人もいました。

自殺未遂《じさつみすい》で終わればまだ良いのですが、最悪なことに、手遅《ておく》れになり死んでしまう人すらいるのです。

医療放置は本当に深刻な問題です。

ありえない！入管の3つの問題 ③懲罰房《ちょうばつぼう》・スペシャルルーム

ほかにも被収容者たちから恐《おそ》れられているものがあります。

もっともこわいことそれは、通称：懲罰房《ちょうばつぼう》と呼ばれる部屋です。またはスペシャルルームとも呼ばれています。

職員になんらかの抗議《こうぎ》や反抗《はんこう》の意を示した場合、あるいは自殺未遂《じさつみすい》をした場合、罰《ばつ》としてこの部屋に閉じこめられてしまうのです。

正式名称は「保護室《ほごしつ》」と言うらしいのですが、職員がむかしから「懲罰房」と言っていたのが元で、被収容者たちにその名称が受け継がれてきたと聞きます。

懲罰房に入れるとなると、職員が10人くらいが収容者に飛び掛かり、床《ゆか》に叩《たた》きつけるといいます。顔を床に叩きつけられ、大きなアザができた人もいました。腕をひねり上げるなど強い力でおさえられ、「やめて」とお願いしてもなかなかやめてもらえないそうです。大阪入管《おおさかにゅうかん》の収容所では、そのせいで骨が折れてしまったトルコ人がいて、彼はいま裁判を起こしています。

懲罰房にいくというだけでもつらいものです。ですから、暴れようと思っている人はほとんどいないと収容者たちは言っていました。では、懲罰房に連れていくのにそこまでする必要があるのでしょうか。暴れていない、もしくはそんな意思のない人にも乱暴をして連れていくことは正しいことでしょうか。

懲罰房は、三畳《さんじょう》くらいの広さでトイレと水道がついているだけでほかになにもありません。なんらかの理由で入れられた場合、だいたい5日くらい、外から鍵をかけられます。貴金属《ききんぞく》は、たとえ大事な結婚指輪であっても、本人がどんなにいやがっても強制的に没収《ぼっしゅう》（一方的に預《あず》かり許可証が出されます）となります。5日たてば返してもらえるのですが、心の支えとなり、家族との絆《きずな》の証である結婚指輪を取られるのが嫌で本当に悔《くや》しかったと言っていた人もいました。

懲罰房にいくと、基本的にはフリータイム（部屋のかぎが解かれ、共同スペースに出られる時間）はなく、ちょっとした運動、シャワーなどを見張りがいるなかでおこないます。女性の場合でも、シャワー中は女性職員が2～3人で監視《かんし》しているというので、いくら女同士とはいえ、つらいものがあります。

ここに入っているあいだは、電話は家族であろうがかけてはいけない、部屋のなかで声を出したら注意を受けるというとても厳しいものです。

24時間監視カメラ付きの部屋でトイレまでカメラで監視されています。ここに入れられた人のダメージは相当なものです。

懲罰房に入れられているとは知らずに面会にいってみると、顔が真っ青で、こわばった被収容者がフラフラしながら部屋に入ってきたところで、懲罰房いきだったのかと気がつくこともあります。

「やっと外に伝えられる人が来た。電話がかかってこないから妻が心配しているはず。電話できないことを伝えてほしい」と伝言を頼《たの》まれることがしばしばあります。面会時間が終わり、職員とともにあの過酷《かこく》な懲罰房に戻っていくうしろ姿を見ると、本当にどうしたらいいのかわからなくて、申し訳なくって、胸がつまる思いになります。

ある夜、窓なしの懲罰房に入れられた収容者が、息苦しさのあまり「出してー!!出してー!!」と叫び、助けを求めたそうです。しかし明け方までだれも対応してくれなかったと本人が報告してくれました。叫んで助けを求めるというのは、相当追いつめられているとしかいえません。なぜ、話を聞いてくれないのでしょう。ここまで彼らの尊厳を傷つける必要があるのか、理解に苦しみます。

「私たちは動物じゃありません、人間です」

彼らのうったえは、深刻なところまで来ているのです。

面会は苦しみを受けとめる時間

私たち支援者にとっても、面会は決して楽なことではありません。

早く外に出してほしいという悲痛のうったえを直に聞きながら、私一人の力ではどうすることもできないというジレンマに襲《おそ》われます。何人かの面会を終えた帰り道は、いつも頭がガンガンと痛みます。自分に力のないうしろめたさや、彼らの苦しい気持ちをもらってきてしまうせいなのでしょうか。やるせない無力感があります。

しかし面会で会う人たちは、意外だと思われるかもしれませんが、こちらに親切な人が圧倒的《あっとうてき》に多いのです。なにか日本社会ではめずらしいあたたかさ、おおらかさを感じます。面会に来る私に、「いつも、ここまで来て大変ですね、ありがとうございます」「外は寒いでしょう？ 風邪《かぜ》はだいじょうぶですか？」と気にかけてくれたり、ねぎらいの言葉をかけてくれます。

子ども好きな人も多く、私がたまに娘を連れていくと、いまにも死にそうな顔をしていた人たちが、ニコニコと急に明るい表情になってゆくときはこちらも嬉しくなります。

もちろん楽しいだけのはずはなく、面会中は入管に対する、やり場のない怒りを私にぶつけてくる人もいます。

「元気そうだな、だいじょうぶそうだな」と思っていた人が、1週間後に会うとしゃべるのもつらそうなほど精神的に追いつめられ、ろれつも回らなくなり、こちらがショックを受けるほど見るも無残な姿に変わってしまうこともあります。

私たち支援者は、少しでも彼らの苦しみを受けとめて、なんとか解放の日まで、気を強くもってほしいと、いつも願います。そして、こうしたストレスの原因となる長期収容と暴力がなくなる日を願わずにはいられません。

収容所からの電話① パキスタン人のフセインさん

私の電話番号が収容者のあいだで出回っていたらしく、収容所から電話がかかってきました。「はじめまして」の人から電話がかかってくることもよくあります。いろいろな縁で収容所から電話をしてくれる人たちの話をしてみますね。

ある日、パキスタンの男性にぜひ面会してほしいと頼まれました。会ってみると初老の男性で、腰《こし》が低くニコニコとていねいな日本語を話す人でした。

長年住んでいたアパートの不動産会社が変わった際、新しい会社の人が彼の素性をあやしく思い、入管に通報したことが収容のきっかけだそうです。

彼は高度《こうど》成長期《せいちょうき》の頃に来日しており、とても長く日本で暮らしてきました。日本に来て間もないころはいまと状況がちがい、非正規滞在でも働くことは暗黙《あんもく》の了解《りょうかい》でゆるされていました。パキスタンに帰ったところで、いまさら新しい生活はできないし、頼る相手もいない。日本にのこる覚悟《かくご》を決めているそうです。しかし、現状を変えられる見込《みこ》みはいまのところありません。

大人しい彼だけど、ときにはあふれ出るように、「ここはとてもつらいです！　ここを出ても、もう元（の自分）には戻れない。ずっと（ここでのことが）頭にのこる。思い出すたびにパニックを起こすでしょう。それほどまでにここは苦しい……」と話します。

かける言葉が見当たりません。

彼の言う通りで、実際に解放されても、収容中に統合失調症《とうごうしっちょうしょう》やパニック障害になってしまう人もいます。やっと外に出られたはずなのに、収容されている夢にうなされたり、自分の四角い部屋にいるのがつらくて外に出てしまう、子どもの声がうるさく感じられ、ついイライラしてどなってしまうようになる、頭痛がなおらない、胃の痛みが続く……。後遺症《こういしょう》だと思われる症状はいろいろあります。入管ののこした傷跡《きずあと》は本当に大きいのです。

これらのことは、ほんのひと握《にぎ》りの人の体験ではありません。毎年、多くのひとから聞く話です。

収容所からの電話② アフリカ人のケータさん

さて、また電話がかかってきました。今度はアフリカのマリ出身の難民だというケータさんという男性からです。さっそく面会に行くと、彼はいかにもあつかいづらそうな車いすで部屋に入ってきました。

母国ではイスラム武装勢力《ぶそうせいりょく》が支配力をもっていて、とても危険な状態なので日本へ逃げてきた。ネットで調べて見てくれれば、情勢《じょうせい》がどんなものかすぐわかるよ、と教えてくれました。

彼に限らず、実際にどんなひどい目にあったのかというのは、言葉の問題とトラウマという面から、最初からくわしく話すことができない場合があります。

日本の滞在歴《たいざいれき》にもよりますが、カタコトの日本語と英語を交えながらコミュニケーションをとるので、くわしい説明は不可能であることも多いのです。けれども支援者は焦《あせ》って追及《ついきゅう》してはいけません。つっこんで聞くと、場合によっては余計に相手を傷つけたり、取りみだしてしまうことがあるからです。少しずつ、相手のペースで聞いてあげないといけないのです。

話を聞いていると、彼にとって目先の問題は病気のようでした。

椎間板《ついかんばん》ヘルニアのようだけど、ブロック注射を打てば歩けるかもしれない。しかし、入管はそれに応じてくれないから、ずっと痛みに耐えていると言います。

病気はほかにもまだあり、以前なぜか顔に激痛が走ったことがあり、病院へ連れて行くよう職員にうったえたそうです。聞いてもらえないことに、業《ごう》を煮《に》やしたケータさんは尿瓶《しびん》（尿をするときに使う容器）に入った自分の尿を畳《たたみ》の部屋にぶちまけ、激しい抗議をしたので、それはもうおおさわぎとなったそうです。職員たちもびっくりして「なにをやってるんだ！」と怒《おこ》ります。ケータさんは「病院に連れて行ってもらえないからだ!!」とどなりながらうったえたそうです。

これは、懲罰房行きでもおかしくない無謀《むぼう》な行為です。しかし、これがきっかけで病院で手術をすることができました。すると、なんと顔から大きな石が出てきたそうです。あとで調べたところ、唾石症《だせきしょう》という病気らしく、早めに治療しないと痛みがまし、とても危険なものだったようです。一方、腰の痛みのほうはなんとも対応してもらえず、同室の人たちが彼の世話をすることで生活できていたそうです。

その後もケータさんと何度も面会を続けていました。


ある日、いつもは威勢《いせい》のいい彼が、話の途中《とちゅう》で急に下を向きだしたので、「あれ?」と不安に思いました。

すると、そのまま意識が朦朧《もうろう》としていくように見えたのです。

焦った私は職員を呼び、「病院に連れて行って!」と必死にお願いしました。

すると若い新人職員は彼を車いすごと移動させようとしながら、「はい、必ず伝えます!」と答えてくれて、少しほっとしました。

ここでは、「私に権限《けんげん》はありませんから」と冷たくつきはなすことも多いのです。こちらも、そんな言い方をされると、いつも残念な気持ちにさせられます。このときは気持ちを汲《く》んでくれている人だったようで、少し救われた気持ちになりました。

後日、再び面会をすると、彼は元気な姿を見せてくれて安心しました。事情を聞くと、あれから病院にいくことができたそうです。いつも車いすで体を動かすことができないため、体中に血が回らなくなり、意識が遠のいてしまったのだと医者に言われたそうです。でも本当に、大事にいたらなくてよかったと思いました。

ケータさんはその数日後、仮放免申請《かりほうめんしんせい》が通り、やっと解放されることができました。外に出られるのは喜ばしいことです。だけど、まだ歩ける様子もないし車いすはしばらくのあいだ、手放せない。

仮放免という状態では、保険証がないので十分な医療は受けられず、厳しい状態は現在も進行中です。問題は尽《つ》きることはありません。

収容所からの電話③　スリランカ人のウッディさん

ある日、スリランカ人のウッディさんが収容され、私は相当なショックを受けました。

彼は、もともとは留学生として20年ほど前に来日しているので日本語も上手だし、読み書きも得意で、とても頭のいい人です。スポーツが好きで体は大きくて、いつも落ち着いていて貫禄《かんろく》を感じさせる優しさが印象的です。

日本にいるあいだに、母国での情勢が悪くなり帰れなくなったので、スリランカにいる両親のすすめで難民申請をしました。しかし、悲しいことに認められず収容されてしまいました。

私と彼は収容される以前に、おたがいの共通する友人ミルトンさんの誕生日パーティで知り合いました。知っている人が捕まるのは本当につらいものです。

収容されても危険な母国には帰れませんし、長い日本の生活でコミュニティもきちんと築いています。

彼は自然に囲まれるのが好きだから、このせまい世界が耐えられないと嘆《なげ》いています。それでも、どんなに長く収容されようが絶対に負けないと強い意志を示していました。

いったい彼になんの問題があるのでしょうか。

収容所で命を落とした人々

私が支援している友人たちにはクルド人が多くいます。

クルド人はほかの国の人たちにくらべて収容のダメージが大きいように感じます。

「難民として来たのに、なぜ保護されずにこんな目にあわされなければいけないのか？」

「クルド人は民族差別を受け、疎《うと》まれてきたのに、日本でもおなじようなあつかいなんだ……」という気持ちが彼らを追いつめるのです。

日本滞在中《たいざいちゅう》に自殺未遂《じさつみすい》をするのも、精神病院に入院してしまうのもクルド人が多いのです。

「（日本人の）奥《おく》さんに迷惑《めいわく》をかけたくないから死のうと思った……」

あるクルド人が収容中に自殺未遂を図ったあと、私にこう言っていました。

彼は収容所の意地悪な職員にバカにされ、暴言をあびせられ、病気をうったえても病院に連れていってもらえず、つらい思いをしていました。

そんななかで唯一《ゆいいつ》の望みだった仮放免申請が3度もダメになったことで、絶望的になったそうです。

外で家族が待っているから大丈夫だろうと思っていた人まで、突発的《とっぱつてき》に死のうとするのです。たまたま生きのびたから良かった、でも、もしそうでなかったら……と思うと寒気がします。

ここは、いつだれが命を落としてもおかしくない、そう思ってしまいます。

次頁（⑨）は、入管における公表された死亡事件（1997～2019年6月）の一覧《いちらん》です。いままでで18件も起こっています。

被収容者たちにとって過酷《かこく》なこの環境のなかで、残念ながら命を落としてしまう人がいるのです。無期限収容《むきげんしゅうよう》という先の見えない未来に絶望して、死のうとする人たちはいまでもあとを絶ちません。「自殺未遂《じさつみすい》」で終わればまだいいのですが、取り返しのつかない事態におちいることもあるのです。

また、病気をうったえても、なかなか病院に連れていってもらえず手遅《ておく》れになってしまった人もいます。死因に「医療放置」とあるのはそうした方々です。

2018年4月、インド人のディーパック・クマルさんが牛久入管で自殺した事件があります。成田空港で入国を拒否《きょひ》され、入国できず、そのまま牛久入管に収容されてしまいました。それから長い収容生活に耐えきれなくなったクマルさんはシャワー

⑩入管で起きてしまった死亡事故・事件

日付	国籍	場所	死因
1997年8月9日	イラン人	東京入国管理局第二庁舎（東京都北区）	職員による暴行致死の疑い
2001年10月30日	ベトナム人	西日本入国管理センター（大阪府茨木市）	自殺
2006年12月	ナイジェリア人	東京入国管理局（東京都品川区）	病死
2007年2月	ガーナ人	東京入国管理局（品川）	病死
2008年1月1日	インド人	西日本入国管理センター（茨木）	自殺
2009年3月21日	中国人	東京入国管理局（品川）	自殺
2010年2月9日	ブラジル人	東日本入国管理センター（茨城県牛久市）	自殺
2010年3月22日	ガーナ人	東京入国管理局成田支局	強制送還中の制圧による窒息死の疑い
2010年4月9日	韓国人	東京入国管理局（品川）	自殺
2010年4月	フィリピン人	東京入国管理局（品川）	病死
2010年12月	フィリピン人	東京入国管理局（品川）	病死
2013年10月14日	ミャンマー人（ロヒンギャ）	東京入国管理局（品川）	医療放置による病死
2014年3月29日	イラン人	東日本入国管理センター（牛久）	誤嚥性窒息死（医療放置）
2014年3月30日	カメルーン人	東日本入国管理センター（牛久）	医療放置による病死
2014年11月22日	スリランカ人	東京入国管理センター（品川）	医療放置による病死
2017年3月25日	ベトナム人	東日本入国管理センター（牛久）	医療放置による病死
2018年4月13日	インド人	東京入国管理センター（品川）	自殺
2019年6月24日	ナイジェリア人	大村入国管理センター（長崎）	餓死《がし》

出典：SYI調べ

室で首をつってしまいました。

クマルさんには帰れない事情があり、日本におよそ1年いながら日本の地を一度も踏むことなく命を落としました。痛ましいできごととしか言いようがありません。

2018年4月22日、クマルさんの死を悼《いた》む人たちが、渋谷駅のハチ公前でクマルさんのポスターを掲げ、入管の収容反対のスタンディングをしたり、処遇改善《しょぐうかいぜん》をうったえる署名を集めたりしました。これは大手の新聞やネットニュースでも大きく取り上げられました。しかし、まだまだ改善の兆《きざ》しは見えません。

ある日の入管 byおだ

どこの国の人だったか
おぼえていないけど
長い間、収容され
解放された2週間後
にその人は亡くなった
という・・・
その人が最後に書い
た手紙をたまたま
読んだことがある
きれいな日本語で
日本政府への批判を
紙いっぱいにつづっていた
裏をめくると
日本にきてばか
それを見て
涙がこみあげて
きたものだった

収容所・入管で起こる死亡事故

少しさかのぼって2014年3月、牛久入管《うしくにゅうかん》でイラン人が、次の日にカメルーン人が立て続けに亡くなるという事件がありました。

この2人は、ずっと体調が悪かったようです。

カメルーン人の同室の人たちは病院に連れていってあげるよう、常日頃《つねひごろ》、職員たちにうったえていました。イラン人のほうも体調が悪く、意識がはっきりしない状態で食事をとっていて、喉をつまらせたことが原因となり、亡くなってしまいました。

カメルーン人のほうは糖尿病《とうにょうびょう》で苦しんでいたのにも関わらず、本人や同室の人たちの期待は虚《むな》しく、病院ではなく施設内の個室に連れていかれました。

弁護士が入手した監視カメラの映像では悶《もだ》え苦しみ続け、何度もベッドから転がり落ちては職員が元にもどし、ついには落ちても毛布だけかけてほったらかしにされ、亡くなってしまう様子が映っていました。

動けない彼は、仰《あお》向《む》けに倒れたまま「水……水……。アイムダイイング（死んでしまう）……」と最後の言葉をつぶやきながら、ついには帰らぬ人となったのです。

あれほど病院に連れて行けとうったえたにも関わらず、死なせてしまったことを知った同室の仲間たちは怒りを爆発させ、入管のタイムスケジュールで決められたフリータイムが終わっても部屋へ戻らないという非暴力の抗議をおこないました。

しかし、その抗議者の数以上の職員に制圧《せいあつ》され、つぎつぎと部屋へ戻されてしまいます。最後まで抵抗した何人かは懲罰房へと連れていかれてしまったそうです。

絶対に連れていかれまいと柱にしがみついた人も職員に引きずられていったと、収容者の何人かが私に電話で報告してくれました。

この事件は、カメルーン在住の母親が2017年9月に日本国と当時のセンター所長を相手取り、1000万円の損害賠償《そんがいばいしょう》を求めて提訴《ていそ》しました。現在もまだ争っている途中です。日本の司法によって、ただしい裁判が行われるよう、私も経過を見守っていきたいと思っています。

2010年3月22日、ガーナ人のスラジュさんが母国へ強制送還中、成田空港で死んでしまうという事件が起きました。日本人の奥さんがいるにも関わらず強制送還されることとなり、10人の職員が無理やり飛行機に乗せようとして起きた痛ましいできごとでした。

職員たちが過剰《かじょう》に強い力で体をおさえつけてしまったことが、急死の原因だったのではないかという疑いが強い事故です。国家公務員の過失《かしつ》で人を殺してしまったのかが争点になりますので、大きなニュースになりました。

この事件は、支援者と日本人の奥さんにより、入管を相手取った裁判がおこなわれることになりました。私はスラジュさんとは面識がなかったのですが、この事件に大きな関心を抱きました。

彼を死に追いやった入管職員たちはどのような気持ちで裁判に出廷《しゅってい》するのだろうか、という気持ちがあり、傍聴《ぼうちょう》するために霞が関の裁判所に向かいました。

この事件は話題になっていたので、傍聴席は全席埋まっていました。傍聴席の前には柵《さく》があり、正面向かって右側にスラジュさんの命を奪った疑いのある職員たちが黒い背広姿で、ずらっと座っていました。

私は、まじまじと彼らの顔を見回しました。

見た感じは、いたって平凡《へいぼん》なサラリーマンといった雰囲気《ふんいき》、この人たちが、あの恐ろしい事件を引きおこした人たちだなんて考えられず、複雑な気持ちになります。

反対側の、向かって左側にはスラジュさんの奥さんが、遺影《いえい》を持ち、職員たちを見《み》据《す》えていました。

いよいよ裁判は始まり、まず死ぬ寸前にスラジュさんがいかにひどいあつかいを受けていたかが説明されました。それは、あらためてショックの連続でした。

本人の意思に反した強制送還は残酷《ざんこく》なものでした。

通常であれば使用が禁止されている大型手錠《おおがたてじょう》で足を拘束《こうそく》し、結束バンドで手をうしろにしばって移動していたのだそうです。それだけでもすごい苦痛でしょう。

そのうえ、持病をかかえているスラジュさんに薬を飲ませず、荷物のように運び続けました。

おとなしくさせるために首を絞め、口にタオルを押しこめられたことで気絶したスラジュさんに、気絶しているフリをしていると決めつけ「いい加減にしなさい！」とどなったことも明るみに出ました。

これに対し、職員たちは「記憶《きおく》にありません」「薬が必要なんて知らなかった」と証言していました。

リーダー格であり長年勤めている職員でさえ「大型手錠を使ってはいけないなんて知らなかった」と答えるので、質問する弁護士に「そんなわけないでしょう」とつっこまれていました。

裁判の証言台に立たされている職員たちは、おろおろしていて落ち着かない様子でした。それでも「安全面を重視した」「死ぬような過剰《かじょう》な行為はしていない」「抵抗があまりに激しかった」と証言し続けるので、見ている私はもう頭に血が上り、がまんをするのがやっとでした。

途中、証拠となるビデオが流されました。

スラジュさんが職員たちに、まるでマルタを担《かつ》ぐかのように乱暴に運ばれる記録映像です。あまりのショックで私やほかの傍聴者も思わず声をあげました。

この裁判の一部始終を見ている奥さんはどんな気持ちなのだろうかと考えるとつらくなります。

一人の人間が死んでいるのです。職員には、自分の仕事への反省や後悔はないのでしょうか。ひと言でも「ごめんなさい」とは言ってくれないものなのでしょうか。

裁判が終わったとき、私は法廷《ほうてい》を仕切る柵まで近づき、「スラジュさんを死なせたことを、職員のみなさんは反省してください！」と伝えました。

職員たちはいっせいに私を見たけどなんにも答えることはありませんでした。彼らもまた入管の職員なのでサラリーマンです。仕事に忠実なつもりだったかもしれない。しかし、過剰な対応があったこと、一人の尊い命が失われたことは事実です。どうか誠実に向き合ってほしいと願わずにはいられないのです。

残念ながらこの裁判は、地方裁判所では勝訴《しょうそ》したものの、高等裁判所ではあっという間に判決が覆《くつがえ》され、敗訴《はいそ》となりました。

スラジュさんや入管施設内で亡くなってしまった人たち。彼らは命を落とすために、日本に来たわけではないのです。彼らの無念の魂《たましい》はいったいどこにいくのでしょうか。

私は絶対になかったことにしたくないのです。

とりのこされた家族のくるしみ

自殺未遂や、事件での思わぬ死亡などを取り上げてきました。

収容者は死ととなり合って生きています。

しかし、収容されて苦しい思いをするのは、当事者だけではありません。

お父さんが収容され、のこされたお母さんと子どもたちの生活はどうすればいいのでしょうか？　家族もまた窮地《きゅうち》に立たされてしまうのです。

とくに、親と離される経験は、子どもたちの心に大きな傷をのこすことになります。

お母さんであれば、自分の子どもが奪われる痛みは計り知れません。ある青年の母親は、何度も入管の職員に「息子の代わりに私を収容してください！」と泣きながら

入管前で抗議する女性

嘆願《たんがん》していました。

自分の身内が収容され、抗議をするのはいつも女性であり、子どもたちばかりです。

小学校2年生のガムゼというクルド人の女の子がいました。

彼女はだいぶ幼い頃から両親とともに日本に来日していて、日本語も堪能《たんのう》です。

お父さんが収容され、日本語のわからないお母さんの通訳となって、職員にお父さんを早く解放してくれるよううったえていました。さらに、幼い妹のハートンと弟のミルザンの面倒を毎日見ているガムゼは、どこか大人びていました。

ガムゼは、お父さんの面会、入管への申入《もうしい》れ、法務省《ほうむしょう》への申入れ、記者会見、抗議行動、なにをするにもお母さんを支え、お父さんを助けるために学校を休んでいました。ただでさえ、外国籍の子どもは日本の勉強についていくのに時間がかかります。ですが、お父さんが収容されたばかりに、ガムゼは学校を休む回数が圧倒的《あっとうてき》に増えていきました。これは困った問題です。

ある日、ガムゼはお父さんと面会するために、平日に入管へ訪れていました。受付の締め切りは15時までなのですが、17時以降も面会ができたり、土日も面会が可能ならば、ガムゼは学校を休まずにすむのです。しかし、決められた時間があるのでやむをえません。

頻繁《ひんぱん》に入管で会うガムゼに私は、「なんだ、また学校休んだの?」と何気なく問いかけてしまいました。それを聞いたガムゼは不思議そうに私を見つめ、「なんで学校にいかなければいけないの?」と言ったのです。

その答えに、私は一瞬《いっしゅん》つまってしまいました。

「なんでなのだろうか?」

私には彼女を納得させるだけの理由は見つからず、説明できる言葉はありませんでした。

ガムゼの家族や友人たちは、入管の6階（仮放免を決める部屋）で「家族を返してくれるまで、帰らない！」と夜まで粘《ねば》って抗議することがありました。それに対して職員たちは「あなたたちがいると仕事が進まないので困る」と、とても迷惑だといった対応です。なんとか追い出そうと職員は家族をビデオ撮影したり、警察を呼んだり、決して話し合いに応じてくれる姿勢を見せてはくれませんでした。

雨のなか、大勢の家族が、夜遅くまで入管の外で抗議していたこともあります。

奇しくもこの日は、国連の定めた世界難民の日である6月20日でした。よりによってこんな日に、彼女らは冷たい雨に打たれ、体調を崩しながらも家族の解放を求めていました。このときも警察がたくさん来ていました。支援者はだれかが警察に捕まってしまったらどうしようかとひやひやしたものです。

しかし、こういったとき私は彼らの意思を尊重して、なるべく口を出したり、止めないようにしています。当事者やその家族がどうしたいのか、どううったえたいのかが大切です。支援者の立場はあくまでサポートであり、気持ちを理解して尊重することにあります。

収容された人のために、入管に抗議する家族や支援者

難民として日本に庇護《ひご》を求めている子どもたちが、なぜここまでやらなければいけないのでしょうか。多くは望んでいません。ただ安心できる土地で、家族と平穏な生活をしたいだけなのです。たったそれだけのことがなぜ、日本でも許されないのでしょうか。

元気で気の強いガムゼだけど、時折お父さんを想って泣き出す場面もありました。

なぜ、子どもがここまで苦労しなければいけないのか。日本はもっと寛容《かんよう》な国であってもいいのではないでしょうか。おなじ社会で生きているのです。

ガムゼの父が解放されるまで、結局10ヶ月もかかってしまいましたが、ガムゼのたたかいはやっと終わることができました。

しかしお父さんは長期収容が原因で胃を壊して10kg以上痩《や》せ、統合失調症を患《わずら》ってしまいました。現在も通院しながら闘病《とうびょう》しています。

そんなお父さんを見て、ガムゼは日本人をどのように思っているでしょうか。

彼女のように苦しんでいる子どもはまだまだたくさんいるのです。

第4章　日本で育った難民の子どもたち

非正規滞在の子どもたちの未来

みなさんは、将来の夢というものがありますか？

夢というほどじゃなくても「ああなりたいな」、「こんな仕事がしたいな」など、なんとなくビジョンがあるかもしれません。

くるどっ子たちの運動会

どんなにむずかしそうに見えることも、きっと努力をいっぱいすれば、もしかしたら運が良かったら、叶えられることもできるかもしれないと希望をもつことができると思います。

ところがこの国にも、いくら努力しても、どうしても夢を叶えることのできない子どもたちがいます。日本にいながらビザのない子どもたちです。
この章では子どもたちについて書いていきたいと思います。

国連大学前での座りこみで出会った少女

私が最初にこの問題にかかわったのは2004年の夏でした。それまでは私も、入管《にゅうかん》や収容所《しゅうようじょ》の存在、日本にも難民がいるということもまったく知らなかったのです。

ある日、東京都渋谷区にある国連大学前でクルド人2家族・計12人が自由を求める座りこみ抗議活動をしているらしい、ということを聞き、気になって顔を出してみたのが最初の出会いでした。

日本では難民と認められず、入管に収容された経験がある大人たちは、永住を許可するか、せめて第三国《だいさんごく》（ほかの国）にいかせてほしいと国連にうったえていました。

この座りこみは全部で72日間続きました。そのあいだ、彼らは灼熱《しゃくねつ》の夏を屋外で過ごしていたのです。

段ボールや毛布を持ちこんで、テントをはり、国連大学の建物の外にある広場での野宿生活です。

そこには2歳と5歳の子どももいました。

小さな子どもたちにとってこの環境はとても大変なものです。

「小さな子どもまで巻きこんで……」と批判する世間の声がたくさん聞こえてきました。でも、いったいどうしたら良かったのでしょうか?

この座りこみ抗議活動をするまで、彼らには助けてくれる人もいなかったのです。窮地《きゅうち》に追いこまれ、日本に絶望し、自分たちで道を切りひらこうと立ち上がったのです。もちろん子どもたちはかわいそうですが、両親と離れるわけにもいきません。

彼らとまったく立場の違う日本人の私たちが批判するのは簡単です。

ですが、批判するなら、どうすればいいのか代案を示さなければ、それは無責任ではないでしょうか。

座りこみの中には高校生の少女もいました。

彼女は「なにも自由のない生活のなか、家族で話し合って決めたんだ」と私に話してくれました。

座りこみ開始から72日目、とうとう国連は警察を呼びました。

たくさんの機動隊《きどうたい》に囲まれ、家族や支援者の排除《はいじょ》（強制的に退去させるということ）がはじまりました。

逮捕されるか、入管に収容か、と追い詰められた家族はガソリンをかぶりだしました。

うっかり火がついたら大変なことになってしまいます。

私が必死で水をかけ、なんとか止めようとしたときです。

その少女が「なんで止めるのよ。止めないでよ！　生きていたって明日なんかないんだから」と叫《さけ》んだのです。

この言葉がいまも私の頭を離れません。

日本で育ちながら、ビザのない子どもの絶望なのだと思います。

このあとも家族は色々と大変な苦難がありましたが、いまは全員、日本ではなく第三国の受け入れでしあわせに暮らしています。日本では得られなかったしあわせをつかんだのです。

彼らが安心できるところを見つけられたことに喜びつつ、「生きていたって意味がない」と子どもに言わせる日本という国に私は疑問を抱くようになりました。だから、15年も支援をしながらこの問題を追いかけているのかもしれません。

この座りこみ抗議活動は、「偽難民《にせなんみん》」「パフォーマンス」と中傷する人がたくさんいました。

でも私は家族や少女たちの血のにじむような苦しみと、現状を切りひらきたいという強い意思をずっと見てきました。

この抗議行動のすべてが良かったとは私もいいません。だけどもこれは簡単な行動ではありませんでした。

屋外の生活で体調も崩し、お風呂もなかなか入れない。暑さで倒れる人が出るということもありました。それでも最後の日まで意思を貫《つらぬ》いたのです。

こうした命がけの抗議を「パフォーマンス」といった、見せ物のようだという言葉で簡単に片づけてほしくないと思います。

外国人の子どもたちといじめ

そのときからいまに至《いた》るまで、不思議と当事者たちとの出会いが続き、目に見えない縁のようなものを感じて支援を続けてきました。

出会い、そこには必ずと言っていいほど子どもたちがいました。

私はいつも子どものことが気がかりでしかたがありませんでした。

少なくとも大人たちは、国同士の争いや政治の問題、大人の都合などを理解したうえで、意思をもって自国を離《はな》れます。

しかし、子どもたちはなんの意思もなく親に連れてこられますし、生まれる国や生きる環境を選べるわけもありません。そんな子どもたちが日本で育っていくということは本当に大変なことなのです。

また、小さい頃から日本で暮らしていようが、日本で生まれようが、見た目が日本人とはまったく違う子どもたちは、それだけでリスクが大きいのです。小学生のときに日本に来て、途中から日本の学校に入る子は大変です。大人にくらべて、子どもが言葉を習得するのはあっという間ですが、それでも最初は言葉が不自由ですし、見た目も日本人と違うので、それだけでもいじめの対象となるケースは多くあります。

私は、たまたまクルド人の子どもたちとの接点が多いので、よく彼らのいじめの相談を受けることがあります。

「外人、国へ帰れ」なんてクラスメートに言われるのは当たり前で、ほかにも「くさい」「きたない」などと言われることもあるのです。暴力を受けることもあります。

そんな境遇《きょうぐう》のなかで、だいたいの子は自分の国に帰りたいと願いますが、両親たちもおなじ気持ちでなければ、子どもだけではどうすることもできません。

小学校のうちから登校拒否《とうこうきょひ》になってしまう子もいます。なんとかがんばって中学校まで行っても、制服や教材費、修学旅行の積立金《つみたてきん》、部活が義務づけられていれば、部活動にも費用がかかります。つぎつぎとお金が必要になるので、裕福なはずもない家庭ではとても大変です。

小学校にくらべ、いじめがエスカレートすることもあるそうです。

そのうえ、授業にもついていけなくなると、ついには中学の卒業を前にしてドロップアウトしてしまう子が本当に多いのです。

それでも努力して学校へいき続ける子もいます。

自分がビザを取るために、そして家族にも出ることを夢見て、一生懸命《いっしょうけんめい》勉強して、なんとか大学や専門学校までいく子もいます。

しかし、非正規滞在《ひせいきたいざい》である子どもは学校を卒業しても就労許可《しゅうろうきょか》がないので、働くことは許されません。

彼らには将来なにになりたいかと夢を見ることも許されないのです。

日本で生きる限り、彼らに未来はありません。

私は、どの国、どんな立場の子どもであっても、努力する子、しない子でも、子ど

もである限りチャンスは平等にあるべきだと思うのです。

そのためには、大人たちのサポートが重要です。学校や地域で、彼らを包摂《ほうせつ》し、日本人の子どもとスムーズになじめるよう環境を整えていかなくてはなりません。


いじめはとても深刻です。

相談してくれればまだいいのですが、やはりプライドがある子や、恥ずかしいことと思う子は、まったく相談してくれません。

だれしもいじめられていることは打ち明けづらいことですよね。自分のなやみを話すというのは、とても勇気がいることです。打ち明けてくれるものの、「学校には言わないで」と頼《たの》まれることもあります。

お父さんやお母さんの日本語が不自由な場合、いじめといった複雑な人間関係を解決するための話合いが難航《なんこう》する場合が考えられます。こうしたとき、私が学校と親のあいだに入ることにも対応しています。

どうすることもできず、ただ指をくわえているしかないこともこれまでに何回もありました。彼らに関わる大人として、とても悔しいです。

それでも私が「先生と話してみようか？」と聞くと、そうしてほしいと答える子も何人かいます。

そういったケースで、私はこれまで何度か学校に連絡したことがあります。なかには誠実に接してくださる先生もいます。しっかり対処してくれて、わざわざ先生から報告をしてくださり、「織田さんが連絡してくださらなければ、気づけませんでした」とていねいにお礼を言ってくださり、いい先生でよかったと胸をなでおろすこともあります。

すべての問題がスムーズに進めば苦労することもありません。なかには校長先生や教頭先生の対応がぞんざいだったり、責任逃《せきにんのが》れのような発言をされることもたくさんあります。

「いじめはいけませんよね」と他人ごとだったり、ずっと登校拒否になってる子がいるにも関わらず「うちは、ちゃんと対応しています」と言われたりすると、こちらは頭を痛めます。

もしそう思っていたとしても、子どもの声を受けとめて、対応に活かしてほしいと思うからです。

子どもにとっては頼れる大人がいないといけません。

電話でダメなら学校を訪ねて、とことん話し合いをします。いじめは闇《やみ》の深い問題です。悲しいことですが、目に見えて改善することは本当に稀《まれ》なことなのです。

子どもたちのいじめの体験から演劇をつくる

いじめの問題に取り組むうちに、「なにか私が子どもたちにできることはないだろうか」「楽しんでもらって、かつ自分に自信をもってもらいたい」とあれこれ考えるようになりました。

いろいろ頭をなやませて試行錯誤《しこうさくご》した結果、クルド人の子どもたちを10人ほど集め、劇団を結成することにしたのです。

はじめての台本のテーマは、「いじめ」です。

はじめた当時は2011年でした。

子どもたちにいじめの体験を聞いて、実話をもとに私が台本を書きました。

いじめられている主人公、いじわるなクラスメート、お母さんや担任の先生役とそれぞれ割りふり、週に一回、練習に入りました。


ところがその年の3月11日に大きな地震が来ました。あの東日本大震災《ひがしにほんだいしんさい》です。

練習の日、電車が止まって困ったことをおぼえています。そして、こんな大惨事《だいさんじ》のあとに、とても続けられない、演劇はもう中止しかないかもしれないと考えていました。

後日、劇団員のみんなに集まってもらい、断念しようと提案したところ、それでもやりたいと強い意志を見せてくれ、続行することとなりました。

しかし、東京にほど近い地域でも地震や津波で家が壊れ、多くの方々が犠牲《ぎせい》になりました。

さまざまな場所で発表していくことになった演劇

続けると決めた私ですが、「こんなときにイベントなんて不謹慎《ふきんしん》ではないだろうか？」と思えてなりません。ほかの催《もよお》し物はつぎつぎと中止になっているとも聞いていました。

「でも、子どもたちの気持ちとやる気にも答えたい……」

考えた結果、池袋にある区民会館の会場を借りて「被災地に募金を送るためのチャリティイベント」として上演しようと決めました。子どもたちがクルドの伝統的なダンスをおどり、うたい、この日のために練習した演劇を披ろうするのです。

そしてお客さんからのカンパをあしなが育英会《いくえいかい》にささやかながら寄付をさせていただきました。このとき、あしなが育英会は、震災や津波によって親を失ってしまった子どもたちのための義援金《ぎえんきん》を集めていました。復興に協力することもでき、ひとまず、はじめての演劇発表会は成功で終わることができたのです。

この体験を通して、子どもたちは演劇の楽しさや、人前で自分の思いを伝える喜びを知りました。進学して、中学生になると色々忙しくなり、辞めてしまう子もいましたが、新しい子も入ってきて、2019年までの6年間、世代交代《せだいこうたい》をしながら演劇は続いています。

また、入管問題に取り組む支援団体、外国人を支援する弁護士さんたちの前でも発表の機会をいただいています。

一人でも続けたいと言う子がいる限り、この演劇は終わることはありません。

子どもたちがみている日本人

◇トルコ国籍クルド人の姉妹　イペックとシェヴダ

「ねえ織田さん、なんで入管はひどいの?」

当時5年生のイペックと1年生のシェヴダの2人姉妹の家に遊びにいったときに、そう言われておどろいたことがありました。姉妹のお父さんは「織田さんに聞かないで。入管に聞いて」と2人をたしなめてました。

私はどうしてそんなことを聞くのかたずねてみました。

実は私に会う前のある日、家族4人で入管に難民申請の調査インタビューによばれたのだそうです。そのとき、姉妹は子どもたちだけでインタビューを受けたといいます。両親はろうかで待機《たいき》し、職員と通訳のいる部屋で姉妹2人が話すのです。

2人は、どんな内容だったか、くわしくはおぼえていないようでした。「いまの生活はどうですか」とか、そんなことを聞かれたと言っていました。衝撃的《しょうげきてき》だったのはインタビューが終わったあとでした。「これで（難民申請が）ダメだったら、トルコへ帰ってもらいますから」と職員に言われたそうです。

あまりのショックで、姉のイペックは、その場で泣き出してしまったそうです。イペックは2歳のときに来日、そして妹のシェヴダは日本生まれです。「帰れ」と言われても日本育ちの2人にはとても理解できるわけがありません。彼女たちの記憶にトルコはないのです。

2人とも私の主催《しゅさい》する子ども演劇の、重要な役を担う一員です。

ある日、いつもセリフを早くおぼえてくるイペックがまったくおぼえてこないという日が続きました。練習には厳しい私は、はじめ怒っていました。それでもやる気がないように見えたので、「やりたくないなら、やめてもいいよ」と厳しい言葉を使ってしまいました。イペックは小さい声で「やめない」と言います。だんだん様子がおかしいと気づいた私は、イペックになやみでもあるのか聞いてみました。イペックは「ある……」とまた小さな声で答えます。

実は、ストレスのあまり頭痛を起こしたり、急に倒れたりする病気にかかっているとのことでした。もっと早く気づいてあげるべきでした。

まだ小学生のイペックですが、自分の立場をよく理解しています。いまの彼女は、住民票《じゅうみんひょう》も保険証《ほけんしょう》もありません。この国には、彼女の存在を証明するものはありません。

もしトルコに帰されることになったら、いままでの生活はどうなってしまうのでしょうか。

イペックの夢は、勉強して医者になることです。勉強はどうなるのでしょうか。

もし、強制送還《きょうせいそうかん》になれば、友だちとも別れなければいけないのでしょうか。不安は尽《つ》きなくなり、イペックは少しずつストレスで体が弱っていくようになりました。

それでも将来の夢をあきらめていません。

シェヴダも小さいながら賢《かしこ》い子なので、なんとなく自分の立場を理解しているよう

クルドの新春のおまつりネブロース。子どもたちはかわいく着かざり、うれしそう

で、わかっているからこそ不安を感じているようです。家族のことを心配して、学校の勉強がおくれてしまうことなどもありました。

どうしてなんの罪もない子どもたちに、こんなに大きな負担をかけさせているのでしょうか。この子たちを見ていると、もっと寛大《かんだい》な国であってほしいと、どうしても願わずにはいられないのです。

◇シーク教徒のインド人　グルプリート・シング君

いまから10年ほど前、私は収容された友人の面会をするために牛久入管《うしくにゅうかん》（東日本入国管理センター）まで足を運んだときのことでした。

牛久入管へ行くには、都内から電車に乗り、牛久駅もしくはひたち野牛久駅で降ります。それから数少ないバスの時間を逃すともうタクシーしかありません。タクシーを使うと3000円以上かかるし、とても歩いてたどり着ける場所ではありません。牛久入管とはそんな山奥にあるのでした。

大変な思いをして目的地までたどり着くと、インド人の親子が面会の待合室のソファーに座っていました。頭に大きなターバンを巻いている姿で、すぐにシーク教徒なのだとわかりました。

牛久入管は東京入管《とうきょうにゅうかん》とは違い、面会室によばれるまでに時間がかかるので、待合室で面会者同士の交流はよくあることでした。おたがいがよばれるまで世間話をするというのが定番です。

親子と話をすると、やはりお父さんが収容されたらしく、まだ小学生だった男の子はグルプリート君といい、お母さんとその兄弟と一緒にはるばる遠くから面会に来たのだそうです。

グルプリート君は幼いながらも、すでにシーク教徒としてターバンを巻いていました。

私に同行した友人は興味本位で「なにこれ?」とターバンにさわってしまい、私が焦り「やめて」と注意する場面もありました。

しかしグルプリート君のほうは、とくに意に介さず堂々とした感じで、少しほっとしたものです。

私はシーク教には少なからず興味をもっていました。

まだ20代の頃、はじめて一人旅をしたのがインドだったのです。インドの一人旅はかなり上級者向けですが、一度はガンジス川に入ってみたいという願望をおさえきれず、日本を飛び出してしまいました。

当時は治安が悪くて大変でした。タクシーに乗るとそのまま連れ去られ、命からがら逃げだしたり、ぼったくりや客引《きゃくひ》きに会うのは当たり前で、本当に苦労しました。

しかし、そんなときに親切にしてくれたのがシーク教徒の方々でした。

真面目で、人助けの教えを厳格に守っている彼らのおかげで、旅が無事終わらせられたのだといまでも感謝しています。

そんなことも思い出され、「自分にできることはないだろうか……」と思ったものでしたが、そのときはとくにそんな話をするきっかけもなく、しばらくグルプリート君に会うことはなくなっていました。

時折《ときおり》、ふと思い出しては、あの家族はどうなったのだろうか、と気になっていました。


ときが経って、２０１８年。

東京入管にいつものように面会の用事で訪れると、見おぼえのある姿がありました。

当時よりかなり大きくなっているけど、あの特徴《とくちょう》のあるターバンは忘れようもありませんでした。

「グルプリート君だ!」と思って話しかけてみたけど、向こうはすっかりこちらのことなどおぼえてはいませんでした。ですが、いろいろと話を聞かせてくれました。

あれから牛久入管に入っていたお父さんは解放されたものの、2017年になって2回目の再収容《さいしゅうよう》となってしまい、また面会のために足を運んでいるとのことです。

このことをきっかけに、私はグルプリート君の生い立ちや事情などを、はじめてゆっくり聞くことができました。

グルプリート君のご両親は少数派のシーク教徒であるために、多数派のヒンズー教徒による迫害《はくがい》にあい、日本に逃れてきたそうです。

そしてグルプリート君が生まれましたが、いまに至るまでビザはおろか国籍すらない状態でした。家族は難民認定が下りないなか、お父さんが再収容となってしまい、とても困っているとのことでした。

それでも周りの支援もあり、高校の推薦《すいせん》で、グルプリート君はパソコンの技術を学ぶ大学に進学することができました。

グルプリート君はこの仮放免の状態が本当に不便でならないと言っていました。

自分の住む県から許可なく東京に出ることは許されないので、最寄《もよ》りの入管まで申請に行ったのに「母国に帰る準備以外は行動してほしくない」と認めてもらえません。「インドに帰るもなにも自分の生まれた国は日本なのに、こんなに頭に来たことはなかった、悔しかった……」とこのときのことを話すと怒りをあらわにしていました。

結局、どんなに抗議しても「一時旅行許可の申請を出されても、決めるのはこちらです」と許可が下りませんでした。

そんな彼も大学にいくことに決まりましたが、非正規滞在なので卒業しても働くことはできません。

彼は、「ちゃんと自分の力で働きたい。支援されるのはありがたいが、もうお願いするのが恥ずかしいです」と言います。

「幼少からシーク教を真面目に貫《つらぬ》いていることで、世界にあるシーク教の団体が助けてくれている。自分がシーク教徒で良かったと思っている。小学校の頃からターバンを巻き、シーク教はいわゆるベジタリアンなので、給食などは気を遣《つか》って申し訳ない気持ちもあった。でも環境に恵まれていたのか、ほかの子と違う姿でもつらい体験をすることはとくになかった。だけど保険（国民健康保険《こくみんけんこうほけん》）がないので極力、病院は控《ひか》えてきました」と話します。

グルプリート君は見た目や服装はインド人ですが、話してみるとやはり日本の若者という感じがしました。

車が好きで、アニメは『頭文字D《イニシャルD》』が好き。車の免許《めんきょ》が取れたのが嬉しく、仮放免の立場の自分にとって唯一《ゆいいつ》の身分証明書にもなった。もしお父さんが解放されたら家族で、まだ行ったことのない海までドライブをしたいと語ってくれました。

「いつかビザが出たら働きたい、お父さんだって自分で働いて生活することができる。自分は、将来はウェブエンジニアか、ウェブデザイナーになりたい。でもビザより、なにより国籍がほしい。入管とかはつらいけど、それでも日本にはいい人もいっぱいいるし、やはり日本で暮らしていきたい。わざわざ新しく技能実習生《ぎのうじっしゅうせい》に来てもらうより、日本に10年以上いる人はビザをあげて働いてもらってもいいんじゃないかなと思う。インドで暮らしていきたいとは思わない。でも、いつかいける機会があったら、パンジャブ州にあるシーク教の総本山《そうほんざん》にはいってみたい」

自分の境遇と入管問題を語る彼は、もう20歳になります。

大変な状況のなか、ずっとがんばってきました。

どうして日本生まれの彼は、こんなに大変な苦労をしないといけないのでしょうか。

いつか国籍を取得して、日本で安心して家族と住めるようになる日が来てほしいと思います。

◇ビザを持っているフィリピン人　ブライアン君

２０１７年の年末、私の暮らす地域で、子ども向けイベントが近所の公園でおこなわれていました。「草っパラダイス」という企画で、月に一度、近所の親子が集まり、みんなでおいもやパン、マシュマロなどを焼いて食べるという楽しい親子イベントです。

私も近所のママ友さんに誘われ、家族で足を運んだときのことです。そこにいたボランティアの大人に交ざって、せっせと野菜を切ったり、シチューを作ったりと動いている若い男の子がいました。

みんなで食事をしながら交流していくうちに彼のルーツが外国にあるとわかったのですが、彼はフィリピン人の高校生で、ブライアン君といいます。

彼は小学生の頃、友人に誘《さそ》われてはじめたこのボランティアが楽しくて、何年も続けているとのことでした。

私は好奇心が手伝ってしまい、彼の滞在許可《たいざいきょか》の状況など色々と聞いてしまいました。彼はいやな顔一つすることなく自分の境遇を語ってくれました。

日本生まれでビザもあるのですが、なんと1年更新《こうしん》だと言うのです。事情を聞くとお母さんは永住権がありましたが、お父さんはオーバーステイだったので、ブライアン君が4歳のときに収容されてしまったそうです。

「すごく遠いところまでお父さんに会いにいったことだけおぼえている。あれはどこだっただろうか……。建物がほとんどない（ところで）、木がたくさんあってお母さんと栗の実を拾って遊んだ」と言います。

おそらく、牛久入管のことだと思いました。

なにもわからない4歳の子どもがお父さんから引き離され、その後、お父さんは日本にのこりたいという意思があったのですが、フィリピンに送還されてしまったそうです。母と息子だけがのこされ、それから2人で力を合わせて地道に生活して来たといいます。お父さんに会うためにフィリピンに会いにいくこともあるとのことですが、お金がかかるため、なかなか頻繁《ひんぱん》にはいけないのだそうです。

ブライアン君はもともと、5年更新《こうしん》の資格だったのですが、制度が変わり1年になってしまったというのです。1年ごとに東京入管に出向き、更新をするのにだいたい2万円ほどかかるそうです。

「1年更新で2万って、きついっす」ブライアン君は言います。

私はいままで非正規滞在《ひせいきたいざい》の子どもたちのことにばかり目がいきがちでしたが、ビザを持っている子でも、なかなか大変なのだとブライアン君に出会い、はじめて知りました。

いまは高校生だけど、卒業してちゃんとした仕事について、日本の永住権《えいじゅうけん》がほしい。いとこも日本生まれで、これから中学校に入学するというときにフィリピンへの帰国を余儀《よぎ》なくされたこともあったそうです。

彼は自分の境遇をいままで周囲に隠したことはないといいます。仲のいい友だちにも話したこともあるけど、高校生にはちょっとむずかしいみたい。

「う〜ん。お前んとこ、めんどくせーなー」と深刻にならない感じで言われて、自分も「そーだなー」と、やはりおなじような感じで答えたようです。

日本で生まれて日本で育ってきたのだから、今後もこの国で生きていきたい。でもこれから就職する仕事によってはビザの期間が長くならないかもしれないと言われた。仕事も選べないかもしれないというのはちょっと不便な感じがする。

ブライアン君は野菜を作るのが趣味《しゅみ》で、自分で育てて料理して食べるのが楽しいんだそうです。

母子家庭なこともあり、料理は幼稚園の頃からやってきた。料理好きなのはきっとお父さん譲《ゆず》りなんだと思う。みんなにふるまって喜んでもらえることがうれしい。なにか、そんな仕事ができたらいいなと思う。いつか品種を改良して自分のブランドも作りたい、とブライアン君は楽しそうに夢をふくらませます。

「いつか永住権を取ったら、お父さんを日本へよびたいです。3人一緒に暮らすことがむずかしかったとしても、いとこもよんで、みんなで日本中を旅行したい。日本で暮らしながらたまにフィリピンへ行って、野菜の作り方とかを伝授できたらいいと思う。でも自分の生きる国はやはり日本だと思う。やっぱり日本が好きだから!」

日本に暮らしている色々な国の子どもたちと話をすると、どうしても考えさせられることがあります。やはり日本はまだまだ制度が厳しすぎるのではないかと思うのです。

子どもたちにこんなに負担をかけさせるのは、この社会の大人として恥ずかしいことだと思います。

日本生まれの子や幼くして日本へ来た子どもたちは、余計なストレスや苦労をかけず、学校へいって、楽しく遊んでのびのびと成長していってほしいと思うのです。

子どもたちが笑って暮らしていける、そんな世のなかになってほしい。

いえ、そうしなければいけないのです。

そんな社会にすることが私たち、大人の責任なのだと私は思います。

支援ってなにをすればいいの？

月並みですが「支援」の第一歩は知ることでしょうか。

なぜ、難民は逃げなくてはいけないのか、つきつめて考えるとなかなかむずかしい話ですが、相手のことを想い、立場を置きかえて考えていくことが大事なのだと私は思います。

どうしたら良いのかわからない場合は外国人との交流イベントやシンポジウムなどに積極的に参加し、当事者の方々の話を聞くことも大事です。

当事者と友だちになって家におじゃましてみて、その国の料理をごちそうになるのもいいと思います。すこしハードルが高いことのようですが、お友だちになると見えてくること、できることは増えていきます。

牛久の会という支援団体は、子どもたちの家に行き、無償《むしょう》で勉強を教えたりしていきます。また、学校のプリントや市役所からの手紙を通訳してあげたり、病院へ付《つ》き添《そ》ってあげるだけでも手助けになれます。

あまりえらそうなことは言えないけれど、自分で思いついたことは、当事者に迷惑《めいわく》をかけない限りはなんでもやってほしいし、色々、試してみてほしいです。

この大きな問題の前で、なにをやっても砂漠に水をやるようなものですが、それでも前に向かってやっていかなければなにも見えてこないのです。

すぐにでも助けてほしいと願っている当事者たちを前にして、なにもできない虚無《きょむ》感《かん》も感じてしまうことは多々あります。

それでも楽しむことは大事です。

おたがいにジメジメしてしまっては本当に救いようがなくなってしまいます。一緒にバーベキューをしたりパーティしたり、みんなで笑い合うのです。そしてつらくなったら、気持ちが切りかわるまでゆっくり休んで、また自分のペースで進んでいってほしいです。

私は彼らと関わりをもつようになってから、日本人にはあまりないあたたかさにふれることができました。彼らの優しさに、逆に元気づけられることもあります。もちろんすべての人がいい人とは言い切れませんが、それは日本人だっておなじことです。良い人もいれば悪い人もいる。それが当たり前なのです。

日本に来たからには、「郷に入っては郷に従え」と言う人もいるかもしれません。けれども、私たちも彼らの文化を尊重し、歩みを合わせることも共生の第一歩なのではないでしょうか。

「支援」が「支配」にならないように

だいぶ前の話ですが、難民問題に関心のある大学生のボランティアたちが、各国の難民たちを集めたイベントに顔を出したことがあります。

最初は若い子たちの取り組みに感心していたものでしたが、ちょっとびっくりすることがありました。

自分たちが大勢の難民をよんでおきながら、イベントをやっているあいだは、記念撮影は一切禁止だと言い出しました。当事者たちがカメラを持ってきて、友だち同士、家族同士で撮るのもダメなんだそうです。もし、ネットで出回って、入管に見られると危険になるからだと言うのです。

公表するかはともかく写真を撮る自由はあると思うのですが、撮るなと強要するのです。

「なにかあったらどうするのよ！　危ないのよ！」と当事者に命令するかのようです。いくら私が落ち着かせようとなだめても「なにかあったらどうするの？」とこちらにも噛みついてくる始末でした。

難民たちは「（写真を撮るなと強要すること）それは差別だ！」と怒りましたが、学生たちはつねに「なにかあったらどうするの？　私、責任とれないから」というばかりでした。

それはちゃんとこの問題の知識がない証拠《しょうこ》です。なにもわからないからただ危ないだろうと決めてしまう思考こそが、この問題において最も危険なのです。事前に伝えて当事者がその意見に納得して参加しているならいいのですが、その場で伝えて嫌がっているのをおさえて、無理強《むりじ》いするのは失礼な行為です。

学生に限らず、こういう姿勢のボランティアは残念ながら少なからずいます。

これは「支援」ではなく「支配」ではないでしょうか。

彼らは私たちとなんら変わらない人たちです。

当事者たちは、もともとの国では社会人だったり、だれかのお父さんやお母さんだったりと、私たちとなんら変わらない生活をしてきた人です。それなりの社会的地位についていた人もたくさんいます。たまたま内戦や治安の問題などなんらかの事情で逃《に》げざるをえなかっただけなのです。

現在は、私がイベントに参加したこの頃にくらべて入管は取《と》り締《し》まりを厳しくしているし、ＳＮＳで情報が拡散されやすく、ネットを駆使《くし》する排外主義《はいがいしゅぎ》グループ（外国人に敵対的な考えをもつ集団）などもいますし、本国に知られると危険があるので、写真の取りあつかいを注意しないと、どう悪用されてしまうかわかりません。気をつけなければならないのはたしかです。

それでも大事なのは自分の考えではなく、当事者の気持ちを尊重することなのではないでしょうか。

おかしい！と思ったら、メッセージを発信してみる

これら外国人をめぐる課題について、日本はまだまだ無関心です。ベリワンの事件で、だいぶ入管の問題点が明るみに出ましたが、それでも知る人は圧倒的に少ないです。何万もの市民が入管や法務省に対し声を上げれば、改善・改革させることは不可能ではないはずです。

しかし、残念ながら政治の場ではほかにも問題が山積みで、とても外国人の問題にまでは気にかけることはできないのが現実なのです。

私の場合は、人を率いる力に自信がないので、動員力もありません。ですから、広めていくにはどうしたらいいのか自分なりになやみながら試してきました。人をたくさん集めることができないならば、一人でもできることに集中しようと活動してきました。できること、思いつくことはなんでもやってみたいと思っていたので、いつも頭をなやませ、アイディアを張りめぐらせています。

私のように面会活動をやるのはいいことだと思います。目まぐるしく変わる入管のルールや運用方法、職員はどんな人たちなのだろうかと知ることができます。

なによりも当事者と出会い、彼らの声を聞くことが一番情報を得られます。

面会は神経をすり減らすし、いつも帰りには頭がガンガン痛みます。

みんな明るい気持ちでいるわけではないので、一緒に悲しんだり考えたりすると疲れもドッとでます。

それでも家に戻ってから、いつも彼らの声をSNSでアップすることを何年も続けてきました。

私は主にツイッターを活用しているのですが、やりはじめた頃は私くらいしか収容施設の状況を発信する人がいなくて、「これでいいのかな?」と不安でした。見てくれる人もほとんどいないまま、誰にも相手にされないまま、ひたすら発信していきました。「これは効果ないかな? やっぱり日本人には興味ないのかな」と気持ちがどんどん落ちていく一方でした。

しかし、「継続《けいぞく》は力《ちから》なり」なのか、だんだんと人が見てくれて関心をもってくれるようになってきました。

いま現在、ツイッターは少しずつフォロワーさんが増えて、難民問題や入管の情報を拡散させてくれるので、より多くの人の目にふれるようになりました。

面会の体験談を、わかりやすくマンガにする工夫もしてみました。今回の本にも掲《けい》載《さい》した4コママンガなどがそうです。絵も字もきたない私ですが、とにかくどんなかたちでも伝えたいと思っています。

マンガの内容は、私自身の目で見た入管の姿。面会の体験、日を追うごとに弱っていく被収容者たち、彼らの悲痛な言葉、入管職員とのエピソードなど、全て実話にもとづいて描くようになりました。これが、わかりやすいと意外にも評判です。

知らない人から「入管ってこんななんだ」「知らなかった」と言ってもらえるようになりました。このマンガをきっかけに関心をもってくれたと言う人もいます。「マンガの人ですよね?」と声をかけられるようになり「絵を描く人」としての知名度は少しだけ上がっていきました。

当事者や家族の写真も2004年から撮るようになり、少しづつ発表していくようにしました。

写真に関しても素人なので、恥ずかしい気持ちはあったのですが、難民の生きる姿を撮り続けている人は、日本ではまだまだめずらしいので、思い切って写真展などを開いてみました。

最初の頃は、あまり深く考えず撮影していたけど、難民たちの生きる姿を撮るのがだんだん好きになってきました。

つらいことばかりですが、彼らは泣いているばかりじゃない。

私たちとおなじように生きて、生活して、おなじように楽しいときは笑う。

そんな姿を人々に伝えたいと強く思うようになりました。

素人《しろうと》だろうが下手に思われようが、開き直ることに決めました。

「ペンは剣《けん》より強《つよ》し」と言うように、表現の力を信じて伝えていきたいと思っています。

それでも、難民問題はとてもむずかしいので、どうやったら気軽に参加してもらえるのだろうかと考え、いろいろ企画してきました。

難民の郷土料理《きょうどりょうり》をみんなで作るという企画も開いてみました。難民に母国の手料理を教えてもらい、参加者のみんなで作って、気軽に食べながら本人の体験談を聞いてもらう。終わったら、またみんなで片づけるという共同作業をやってみました。

ささやかながら手ごたえがあったので今後もやっていきたいし、色々な人に来てほ

ある日の入管 byおだ

面会待ち合い室
まだかな
いらいら…
え!?!!
がしっ
私やっと外に出れたよ今までありがとう
よかったねよかったねもうこんな所で会いたくないよね
うん本当にありがと
いかん泣きそう
こんな日もある

しいと思っているイベントです。

6月20日は「難民の日」

一年のうち、私が最も大事にしている日があります。6月20日、世界難民の日です。その日に合わせて年に一度、必ずなにか企画を当事者と一緒に力を合わせてやろうと決めています。

デモをやった年もあれば、多国籍な料理や歌を中心としたフェスも挑戦してみました。写真のパネル展を開いたり、各国の人々とパーティをやったりしました。

まだまだやれることはあるはずなので、どんどんアイディアを出してやっていきたいです。

毎年、この日が近づくと「なにをやろう?」といつも頭をなやませます。

どんな事でも、続けていくことで必ずなにかが見えていくはずだと私は信じています。

ある日の入管 byおだ

おださん 私がもし第3国に 行ったら
入管にたくさん イジメられたこと 大勢の人に 伝えてください
保険証もなくて 子供を病院につれて いけない
住民票もない
生きてる だけ
まるでユウレイ みたい
日本はそんなに 私たち《なんみん》が嫌いなら
まとめて船にのせて 海にすてればいい
私はたとえ一人でも平気 みんなの苦しみに比べたら何でもない
でも、同じ 気もちの人が いたら、いつか いっしょに立ってね—
法務省

おわりに

この本を手に取り、最後まで読んでくださったみなさま、心よりありがとうございました。

去年の年末にはじめて本の出版の話をいただいてから、今現在も収容されている人や、さまざまな立場の外国籍の方々に協力をお願いし、彼らのお話を聞き取らせていただき、やっとかたちにすることができました。

また同じく、子どもたちの協力がなければ、この本ができあがることはなかったかもしれません。彼ら彼女らとの共同作業で完成した本と言っても過言《かごん》ではありません。感謝してもしきれないものがあります。

また、まだこの問題がまったく世間から知られていないうちから、いち早く記事として取り上げてくださったジャーナリストの志葉玲《しばれい》さんには本当に助けられました。彼がいなければこの問題はここまで大きく知れわたることはなかったかもしれません。

私の在籍《ざいせき》するSYIのメンバーや、古くからの付き合いがある牛久《うしく》の会《かい》をはじめ、外国人ボランティアを続けているみなさんの協力で、今日を乗り越えていくことができました。そして、私の活動を理解し、支えてくれた家族や友人、そしてママ友たちの存在が心の支えでした。

いつか日本が変わり、本当の意味で支えあえる世の中にしたい。

この本が、そのための第一歩になれたら、こんなにうれしいことはありません。

難民はもうそこにいて、私たちはすでに多くの外国人と共存しています。手を取り合い、助け合い、文化を尊重していくことがなによりも素晴らしい世界なのだと私は信じています。

そして最後に、私と行動をともにしてくれる、くるどっこ演劇「ウィンクス」のみんなへ。

私のつくる小難しい台本をいつもきちんとこなしてくれてありがとう。

ともに歩いてきた楽しい日々は私の宝物です。

あなたたちが大人になるのを見届けるのがすごく楽しみです。

みんなが、なんの弊害《へいがい》もなく、のびやかに成長していけるように大人が頑張らなければいけません。

私はまだまだあきらめず、走り続けていきます。

だれもが笑って暮らしていける社会を目指して。

２０１９年９月

織田朝日

著者

織田朝日（おだ　あさひ）

外国人支援団体「編む夢企画」主宰。

2004年、日本に暮らすクルド人家族の難民認定を求める国連大学前での座りこみアクションに参加。

追いつめられた16歳の少女に「日本で生きていたって明日はない」と言われたことに大きなショックを受け、以来、日本の難民問題にたずさわる。

おもに東京入国管理局を中心に面会活動、裁判、当事者アクションをサポートしている。

また、クルド人の子どもたちの劇団「ウィンクス」の脚本・演出を担当。子どもたちの体験をもとにした演劇を披露している。

一児の母で、写真家として日本にいる難民たちを撮り続けており、個展も開催している。

雑誌やウェブメディアなどで難民問題について積極的にレポートを発表している。収容者友人有志一同SYIメンバー。

共著『難民を追いつめる国』（緑風出版）。

となりの難民
日本が認めない99%の人たちのSOS

2019年11月 8 日　初版第1刷発行
2020年 5 月15日　第2刷発行

著者　織田朝日

ブックデザイン　ランドリーグラフィックス
組版　キヅキブックス
編集担当　粟國志帆
発行者　木内洋育
発行所　株式会社旬報社
〒162-0041
東京都新宿区早稲田鶴巻町544　中川ビル4F
TEL 03-5579-8973　FAX 03-5579-8975
HP　http://www.junposha.com/
印刷・製本　中央精版印刷株式会社

ISBN978-4-8451-1613-3